上海全球城市
人才资源开发与流动战略研究

姚凯 著

Research on the Development and Flow Strategy of Talent Resources in Shanghai Global Cities

复旦大学出版社

本书是国家社会科学基金重大项目"大数据时代国际人才集聚及中国战略对策研究"(项目编号:16ZDA057)的阶段性成果。

目 录

序一 ……………………………………………………………… 001
序二 ……………………………………………………………… 001

第一章 相关概念界定及文献回顾 …………………………… 001
1.1 全球城市界定和主要内涵 /002
  1.1.1 全球城市的概念 /002
  1.1.2 全球城市的特征 /006
  1.1.3 全球城市的功能 /008
  1.1.4 全球城市的分类 /009
1.2 全球城市人才的相关概念 /011
  1.2.1 人才的基本概念 /011
  1.2.2 全球城市人才资源开发的概念 /012
  1.2.3 全球城市人才资源流动的概念 /013
1.3 人才资源开发及人才流动的影响因素 /014
  1.3.1 宏观层面的影响因素 /014
  1.3.2 中观层面的影响因素 /016
  1.3.3 微观层面的影响因素 /017
1.4 人才资源开发与人才流动的问题 /018
1.5 全球城市人才资源开发与人才流动的国际比较 /019

1.6 不同国家人才资源开发与人才流动的国际比较 /021
1.7 人才流动预测分析的相关研究 /023

第二章 中国及上海全球城市的人才资源开发与人才流动的现状及主要问题 ⋯⋯ 025

2.1 中国人才资源开发与流动现状及国际比较 /026
 2.1.1 人口总量与劳动力人口总量的比较 /026
 2.1.2 劳动力参与率与参与质量的比较 /027
 2.1.3 不同国家高等教育人口数量比较 /028
 2.1.4 不同国家吸引人才与留住人才得分比较 /030
 2.1.5 不同国家人才环境综合得分的比较 /035
 2.1.6 不同国家人力资源培养开发得分的比较 /036
 2.1.7 我国人才资源流动现状 /038
 2.1.8 中国人才资源的问题及特点 /040

2.2 上海市人才资源发展现状及国际比较 /043
 2.2.1 上海市人口及就业情况 /043
 2.2.2 上海市人才总量及结构情况 /045
 2.2.3 上海市人才引进情况 /046
 2.2.4 上海市高层次人才现状 /048
 2.2.5 上海市主要人才种类现状分析 /048
 2.2.6 上海市人才资源开发与流动情况的国际比较 /053

2.3 影响上海全球城市人才资源开发与人才流动的因素 /061
 2.3.1 经济发展水平 /062
 2.3.2 地区人才政策 /063
 2.3.3 产业发展对人才的需求 /064
 2.3.4 人才生态环境 /065
 2.3.5 社会文化因素 /065

2.4 上海市人才资源开发与人才流动的主要问题 /066
    2.4.1 人才结构不合理,人才资源还未达到最优化配置 /067
    2.4.2 围绕国家重大发展战略的重点领域人才资源开发力度不足 /067
    2.4.3 人才引进与流动的机制还不够科学合理,尤其是科研创新人才的流动、激励和管理制度束缚了人才的创新活力 /068
    2.4.4 人才引进的政策措施在落实上存在隐性门槛 /069
    2.4.5 人才流动和人才资源开发面临"立法滞后,无法可依"的局面 /069
    2.4.6 人才的区域影响力与辐射能力还比较弱 /070

第三章 未来30年上海建设全球城市的战略选择 …………071

3.1 世界主要全球城市的发展规划 /072
    3.1.1 伦敦全球城市发展规划 /072
    3.1.2 纽约全球城市发展规划 /073
    3.1.3 东京全球城市发展规划 /073
    3.1.4 对上海市发展战略的借鉴 /074

3.2 上海全球城市的全球地位 /076
    3.2.1 上海市未来发展规划 /076
    3.2.2 上海市在全球城市中的地位 /076

3.3 未来30年上海全球城市发展战略 /077
    3.3.1 全球城市发展的新趋势 /077
    3.3.2 未来30年上海全球城市发展战略 /079
    3.3.3 未来30年上海全球城市建设的路径 /080
    3.3.4 未来30年上海全球城市建设的措施 /084

第四章　未来30年上海全球城市人才流动趋势分析 ………… 086

4.1 上海建设全球城市与人才流动的互动关系研究 /086
4.1.1 上海建设全球城市对人才流动的影响 /086
4.1.2 全球人才流动对上海建设全球城市的影响 /089

4.2 城市人才流动的理论模型分析 /092
4.2.1 城市人才流动的宏观理论模型——针对全球城市的人才场论模型 /092
4.2.2 城市人才流动的中观理论模型——基于推-拉理论的扩展模型 /094
4.2.3 城市人才流动的微观理论模型——人力资本迁移投资模型 /097

4.3 未来30年上海全球城市人才流动趋势的定性预测 /100
4.3.1 上海人才流动的宏观趋势 /101
4.3.2 上海人才流动的中观趋势 /104
4.3.3 上海人才流动的微观趋势 /108

4.4 基于固定效应静态面板数据模型的未来30年上海人才流动趋势定量预测 /109
4.4.1 预测变量的选择和数据来源 /109
4.4.2 计量模型的选择和设定 /112
4.4.3 回归结果 /114
4.4.4 上海未来人才流动趋势的定量预测 /117

第五章　未来30年上海全球城市人才资源开发目标和基本思路 ……………………………………………………………… 119

5.1 人才资源开发的理论模型 /119
5.1.1 人才资源开发的宏观理论模型——人力资本和人才资源开发调控场理论 /119

5.1.2 人才资源开发的中观理论模型——产学研联动人才资源开发模式 /122
　　　5.1.3 人才资源开发的微观理论模型——学习理论 /123
　5.2 全球城市的人才资源开发与人才流动的关系 /125
　　　5.2.1 全球城市人才流动对人才开发的促进作用 /125
　　　5.2.2 全球城市人才资源开发对人才流动的反哺作用 /127
　　　5.2.3 全球城市人才开发与人才流动交互作用模型 /128
　5.3 上海建设全球城市背景下人才资源开发的目标体系 /130
　　　5.3.1 上海建设全球城市背景下人才资源开发的战略阶段划分 /131
　　　5.3.2 上海建设全球城市背景下人才资源开发的目标体系 /132
　5.4 上海建设全球城市背景下人才资源开发的实施路径 /138
　　　5.4.1 "三渠道"的协调和确定 /138
　　　5.4.2 "自组织"和"他组织"的选择 /139
　　　5.4.3 人才资源开发措施的确定 /141
　5.5 全球城市人才资源开发的生态系统建构机制 /142
　　　5.5.1 人才生态系统的建构 /142
　　　5.5.2 人才生态链的有效管理 /145
　　　5.5.3 人才良性循环机制的建立 /148

第六章　未来30年上海全球城市人才枢纽建设对长三角城市群辐射作用分析 150

　6.1 上海全球城市人才枢纽对长三角城市群辐射的重要意义 /150
　6.2 上海全球城市人才枢纽对长三角城市群辐射机理研究 /153
　　　6.2.1 对长三角城市群人才辐射的经济学原理分析 /153

  6.2.2 对长三角城市群人才辐射特征分析 /155

6.3 上海全球城市人才枢纽对长三角城市群辐射模型构建 /157

  6.3.1 战略层面的辐射 /158

  6.3.2 内容层面的辐射 /161

  6.3.3 载体层面的辐射 /164

  6.3.4 要素层面的辐射 /165

  6.3.5 区域人才辐射 /166

6.4 未来30年上海全球城市人才枢纽对长三角城市群辐射模式选择 /171

6.5 政府在上海全球城市人才枢纽对长三角城市群辐射中的作用分析 /174

第七章 配套的对策体系 …… 179

7.1 政府：提供"整体性治理"的人才开发和流动配套方案 /179

  7.1.1 强化制度变革，吸引全球人才汇聚上海 /180

  7.1.2 创造宽松环境，培育正能量的有上海特色的城市文化促进人才的成长 /183

  7.1.3 依托大数据技术来构筑全球人才流动的功能平台 /184

  7.1.4 深入推进市场化进程，用"无形之手"建立人才高地 /185

  7.1.5 完善激励机制，最大程度地发挥人才资源价值 /187

  7.1.6 完善人才评价机制、加强人才评估结果在晋升奖励中的应用 /188

7.2 大学：构建研究型大学与创业型大学相融合的人才循环机制 /189

    7.2.1　提高高校办学的自主性 /190
    7.2.2　创新"校—企—政"内外部合作互动机制 /190
    7.2.3　形成多维度支撑平台,建立创业教育生态系统 /191
7.3　中间型组织:人才开发和流动的催化剂 /192
    7.3.1　风险投资 /192
    7.3.2　猎头公司 /193
    7.3.3　协会组织 /195
7.4　企业用人单位:设计有吸引力和竞争力的人才开发与管理体系 /197
    7.4.1　构建有竞争力的人才薪酬方案与体系 /197
    7.4.2　建立科学高效的人才管理制度 /199
    7.4.3　设计良性循环的人才职业生涯发展规划 /201
    7.4.4　打造富有吸引力的人才文化品牌 /203

参考文献 204

序 一

金秋十月,是收获的日子。复旦大学姚凯教授也收获了国家社科基金重大项目的一个市级奖项,并把他的课题书稿寄给我,要我为其写几句话。大概是由于工作关系上的原因吧,自从改革开放以来,凡是上海涉及人才战略方面的结题报告,一般我都要飞去一趟,参与结题评审。在我的记忆中,上海市十一五和十二五人才规划、人才高地建设规划、国际大都市人才规划,依然历历在目。但是,上海人才发展前进的步伐越来越大,这次姚教授执掌的研究题目称为"上海全球城市人才资源开发与流动战略研究",恢宏大气,颇有"振衣千仞岗"的气魄!

全球城市的概念,始于1966年美国学者彼得·霍尔,一般是指那些对全世界或大多数国家产生全球性经济、政治、文化影响的国际第一流大城市。在当今条件下,更强调它的可联系性及全球服务中心的功能定位,属于网络中的城市。最近,英国拉夫堡大学全球化与世界级城市研究小组与网络组织公布了全球城市排名,在361个城市名单里,特级城市只有纽约和伦敦两座,上海、北京、香港则入围"一级强"级别。由此可见,加强对全球城市问题的关注,对于把上海建成全球科技创新中心意义重大。

上海市城市发展总体规划计划分三步走:立足2020年,建成具有全球影响力的科技创新中心基本框架,基本建成国际经济、金融、贸易、航运中心和社会主义现代化国际大都市。展望2035,基本建成卓越的全球城市,令人向往的创新之城、人文之城、生态之城,具有世界影响力的社会主义现代化国际大都市。梦圆2050,全面建成卓越的全球城市,令人向往的创新之城、人文之城、生态之城,具有世界影响力的社会主义现代化国际大都市。

可以看出,一方面是城市发展的美好前景,另一方面是依然存在的发展差距,如何才能尽快填补两者之间的差距呢?答案会有不同,但是无论哪种,都离不开一个关键要素,就是必须加强人才资源的开发和使用。人才是城市的主体,也是实现城市发展远大目标的强大动力。

纵观研究报告,我认为,较之以往的诸多人才规划,这份报告具有四个新的鲜明特征:

一是以深厚的理论积累为基础,研究视野更加开阔。 如此宏大的研究课题,需要深厚的理论功底来应对。本课题涉及的学术范畴包括:区域经济学、城市经济学,人才预测学、人才发展学,竞争战略学,国际政治学,等等。运用到的模型就有"人才场"模型、"推-拉扩展"模型、"人力资本迁移投资"模型以及"竞争力构建"模型。在研究思路上,则是从人才开发与人才流动入手,再归结到不同国家全球城市竞争力的比较上,通过比较分析发现差距,探讨对策。在全球城市样板的选择上,列举了美国纽约、英国伦敦、法国巴黎、日本东京等。搜集整理分析比较这些素材,从中提炼出有价值的观点、思路、结论,无疑需要花费大量的时间与精力。只有充分地占有资料、研究材料而得出结论,才能做到全面、系统、具有说服力。

二是以深入的实情认知为镜鉴,清除无形隐性门槛。 十分规划,七分落实。也就是说,规划的制定固然非常重要,但是,落实更是重头戏。在实际工作中,往往存在一些比看得见的社会现象更加隐蔽的东西,如果不予细心觉察,很容易走过场,轻轻划过去,结果导致政策规定打了水漂。这份研究报告就特别指出,在人才引进中,还存在着不少"隐性门槛"。例如,为引进国内创客和企业家人才而制定的标准僵化,已经落后于产业实际发展速度;科技企业孵化协会备案名单,仅局限于本市且更新速度缓慢;受制于"企业连续三年每年营业收入利润率10%以上"的规定,一些独角兽企业人才实际上无法及时入沪;获得永久居留权的外国人才在科研项目申请、技术转移优惠政策享受、创新补贴领取等方面多有限制;事实上外籍研发人员只能享受基本社会保障,不能缴纳补充社会保险,等等。对于这些问题,如若仅仅满足于纸面政策检查,是根本发现不了,也解决不了的。

三是以科学的生态原理为依据,力促人才环境优化。 这份研究报告,不仅将生态之城确定为未来上海社会发展的目标之一,而且在多个章节对人才生态建设问题加以强调。作者认为,人才生态环境主要是指构成人才环境的各个要素之间的动态、均衡发展。作者还说,人才环境包括居住环境、工作生活条件、交通设施、人才服务、户籍制度、子女教育、社会保障、医疗条件等。作者问道:美国硅谷地区专利授权量远低于我国中关村,但是其专利成果转化率却达到了80%左右,而中关村只有25%。这是为什么?原因就在人才循环的动力不同上。人才循环有两个典型特征,一是内生性,二是可持续性。作者还创造性地提出了人才生态系统管理的四类方法,它们分别是"系统结构优化管理""共享收益分配管理""大数据评价机制管理"和"非人才因素优化管理"。我认为,作者对人才管理生态化的探索方向与成果都是值得充分肯定的。

四是以整体性治理为依归,提升人才管理水平。 党管人才是人才工作的根本原则。但是,党管人才怎么管,却是一个值得重视的大问题。报告中作者针对实际上已经存在的管理碎片化问题,提出了"治理"的对策。作者在第七章共开列出六项对策,形成一个"整体性治理"配套方案:强化制度变革,以制度优势汇集全球人才;创造宽松环境,促进人才更好成长;依托大数据平台,把握人才流动趋势;推进市场化进程,发挥"无形之手"的力量;完善激励机制,实现人才价值驱动;做好人才评价,释放巨大人才潜能。这一整套的治理措施,并不完全是由党和政府来实施完成的,而是需要依靠整个社会来参与,来承担。作者特别强调人才中介、投资机构、学会协会的作用。应该说,作者的这种由"管理"走向"治理"的思想,符合现代管理变革理念,也是下一步全社会人才宏观发展的理想状态。

人才研究总是与改革开放共命运。从1978年到今年,中华大地改革开放已经走过40年不平凡的历程,人才资源发展战略研究也从低水准走向较高水准。就学术高度而言,我认为这份研究报告虽然尚存在一些不完善之处,但它已是无愧于服务国家发展的一份代表之作。

衷心祝贺这份研究报告的出版面世!

国家中长期人才规划专家顾问
原国家人事部中国人事科学研究院院长
中国人才研究会副会长、秘书长
王通讯
2018年11月3日

序 二

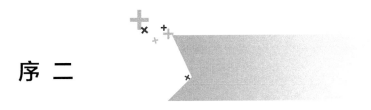

什么是人才？人才的定义肯定有多种多样，不同的时代，不同的文化，不同的行业，不同的企业，不同的岗位，对人才的定义都会有差别。但是人才还是有共性的。我认为：人才应该具备以下三点要素：相应的知识、必要的技能、良好的心态。

人才开发与人才流动应该是两个概念。人才开发是指挖掘个体的潜力，以满足国家和组织目标的过程。有广义和狭义之分，国家层面的是广义的，组织层面的是狭义的。人才流动是指作为人才的个体改变工作岗位的过程。有主动流动和被动流动之分。一般指的是主动流动。

人才流动的规律。现代经济学和现代管理学的理论和实践反复证明：国家的兴衰、地区的优劣、企业的成败往往取决于人才的质量和数量。我们要吸引人才，一定要了解和掌握人才流动的规律。最基本的规律，我们的老祖宗早就告诉我们了：水往低处流，人往高处走。用组织行为学的语言来说，就是：满足人才的心理需求，人才就会蜂拥而至。

人才有哪些需求呢？人才也是人，因此，马斯洛的需求理论完全适用：生理需求；安全需求；社交需求；尊重需求；自我实现需求。当然，人才与一般的人可能有些区别，人才可能更加看重高层次的需求：尊重的需求和自我实现的需求。政府和企业要吸引人才,说简单也真的很简单,就是做好一件事:制定政策和规章制度来保证和满足人才的需求。

《上海全球城市人才资源开发与流动战略研究》一书,全面阐述了全球城市的概念和内涵;分析了中国和上海人才资源开发和流动的现状和问题;提出了上海未来的战略选择;分享了可能的行动方案。

作为一项尝试性的应用研究课题,要求尽善尽美是不切实际的。但是,姚凯教授及其研究团队能在较短的时间内,在目前错综复杂的国际环境中,作出这样突出的研究成果是难能可贵的。衷心希望姚凯教授和其他的学者在这个领域中不断作出新贡献,使我们上海的人才云集,为上海、为中国的腾飞增添动力,造福于中国人民!

复旦大学管理学院

胡君辰

2018年11月5日

第一章
相关概念界定及文献回顾

《上海市城市总体规划(2017—2035年)》将上海的目标愿景确定为2020年、2035年以及2050年三个阶段。立足2020年,建成具有全球影响力的科技创新中心基本框架,基本建成国际经济、金融、贸易、航运中心和社会主义现代化国际大都市。在更高水平上全面建成小康社会,为我国决胜全面建成小康社会贡献上海力量。展望2035年,基本建成卓越的全球城市,令人向往的创新之城、人文之城、生态之城,具有世界影响力的社会主义现代化国际大都市。重要发展指标达到国际领先水平,在我国基本实现社会主义现代化的进程中,始终当好新时代改革开放排头兵、创新发展先行者。上海要在2050年,全面建成卓越的全球城市,令人向往的创新之城、人文之城、生态之城,具有世界影响力的社会主义现代化国际大都市。

在上海市建设卓越全球城市的宏伟进程中,人才作为决定性的战略性要素,是有力推动上海"五个中心"建设、产业全面升级、厚植城市竞争优势、促进城市全面可持续快速发展的强大内在动力,从前提和本质上来看上海建设卓越的全球城市就是建设卓越的全球性人才枢纽和人才中心,因此全球城市人才资源开发与人才流动的研究至关重要。本章将对国内外关于全球城市人才资源开发与人才流动的相关研究成果进行系统的回顾,对全球城市的概念、特征以及功能进行界定,并从人才资源开发与流动的影响因素、人才资源开发与流动中存在的问题、全球城市人才资源开发与人才流动的国际比较研究、人才流动的模型等方面对已有的研究成果进行回顾。

1.1 全球城市界定和主要内涵

自从彼得·霍尔1966年提出全球城市概念以来,世界各国学者对全球城市进行了大量的研究,从各种角度提出了相应的判断标准,但并未形成"全球城市"的统一概念。为了准确界定全球城市的概念及其内涵,首先要在系统回顾和梳理已有研究成果的基础上更为科学地界定出全球城市的概念、特征及功能。

1.1.1 全球城市的概念

现有研究对全球城市概念的认识主要从全球城市的联系性、服务中心、网络连接等不同的视角去界定(见表1-1)。最早对全球城市进行系统研究的学者是英国地理学家、规划师彼得·霍尔(Peter Hall),彼得·霍尔(1966)在其著作《全球城市》(*The World Cities*)中对全球城市这一概念做了经典性的解释:"全球城市指那些已对全世界或大多数国家产生全球性经济、政治、文化影响的国际第一流大城市。"具体包括:主要的政治权力中心;主要的国际贸易中心,拥有大的港口、铁路和公路枢纽以及大型国际机场等;主要的金融中心;各类专业人才集聚的人才中心;信息汇集和传播的地方,有发达的出版业、新闻业及无线电和电视网总部;

大的人口中心,而且集中了相当比例的富裕阶层人口;娱乐业成为重要的产业部门。1991年萨斯基娅·萨森(Saskia Sassen)出版了《全球城市:纽约、伦敦和东京》一书,在经济全球化的基础上对纽约、伦敦和东京等典型的全球城市进行了全面分析,从全球生产性服务公司的研究入手,认为全球城市是跨国公司总部的聚集地,并为跨国公司全球经济运作和管理提供良好服务和通信设施。石光宇等(2014)分析了纽约全球城市的形成,认为跨国公司、生产性服务业、信息化和移民是纽约全球城市形成的原因,跨国公司和生产服务业不断向纽约集聚,使纽约全球城市地位形成并不断得到强化。吴灿燃(2011)认为以服务全球经济运行需要作为其功能基础,同时使资本、信息与劳动等生产要素内容流动和通过最多的城市可以称为全球城市,全球城市是各种生产要素连接性最强的城市,其本质上蕴含着一种全球范围的结构性特征,亦即经济全球化现象下一套整合性的全球经济体系运作。吴丹、奚俊芳(2007)认为全球城市是指在全球政治、经济和文化生活中发挥着重要作用的世界性城市,主要体现在:(1)全球城市是全球性或区域性的经济中心。也就是说,全球城市应是跨国公司总部或地区总部的聚集地、全球性或区域性的金融中心、全球性或区域性的贸易中心、全球性或区域性的专业化服务中心、全球重要的生产和消费中心。(2)全球城市是重要的国际政治和文化中心。具体来讲,它通常是所在国家或地区各类政府机构及国际性组织机构的聚集地,举办世界性活动的最佳候选地,全球艺术、文化及娱乐中心所在地。(3)全球城市应具有较大的人口规模,同时也肩负着全球信息中心以及全球重要的交通节点等重要枢纽性职能。全球城市是全球战略性资源、要素流通渠道和产业的控制中枢、跨国公司总部集聚地和国际政治、金融、高科技和市场中心,是所在国家参与全球竞争的窗口和世界文明融合交流的多元文化中心(黄苏萍、朱咏,2011)。因此,可以看出上述学者主要是从全球城市的可联系性以及全球服务中心的功能定位等视角去理解和界定全球城市,特别突出了全球城市作为跨国公司总部集聚地的地位,并重点强调全球城市与其他全世界重要城市之间发生常态化互动联系的主要特征。全球城市通常也是一个国家或地区最重要的中心城市,通过全球城市的可联系性以及全球服务中心的功能定位服务于全球经济的发展。

与此同时,有的学者从网络视角对全球城市进行了界定,卡斯泰尔(Castells)于1996年提出了全球流动空间理论,他认为全球城市不仅仅局限于萨斯基娅·萨森的世界顶级全球城市,在信息时代,每个城市都将因其信息交换和处理能力而成为全球信息网络的一个节点,全球城市是全球信息网络中若干个"具有重要且直接影响力"的中心,这种情形充分地展现在世界资本和金融市场的交易网络中。其后网络视角观在全球城市的研究中颇为流行,英国地理学家泰勒(Taylor,2001,2002,2013)将"流动空间"这个概念运用到了世界城市网络的定量分析中,通过对175家服务业跨国公司全球分支机构的数据进行量化统计,得到由526个城市系统组成的"全球城市网络",该网络是一个开放的系统,网络中的城市被定位为"全球城市",其等级和位序随着全球化进程的推进以及城市、产业的发展而呈现出动态变化的特点。由此可以看到各全球城市的等级和位序始终处于动态变化的过程之中,一个城市是否能够成为全球城市以及它在全球城市体系中的地位与城市产业发展状况以及城市本身全球化的程度等因素息息相关。周振华(2008)认为一个城市是否具有全球城市的功能,关键在于其融入各类世界网络体系的程度。国际经验表明,全球城市的形成与发展主要是通过其融入全球网络生成的流量(例如信息、知识、货币和文化等流动)来实现的,而不是取决于自身的存量凝结(例如城市形态和规模等)。一些传统的经济体量大、人口规模大、地域面积广的超级大城市并非真正意义上的全球城市。程遥、赵民(2014)认为全球城市是世界城市体系中真正起到配置全球资源、控制世界经济网络并由此实现在特定领域对世界城市体系中其他城市的命令和组织职能的城市,在某种程度上可以将"全球城市"视为少数最顶尖的世界城市。周海蓉、张云伟等(2018)对全球城市网络体系的形成机理进行了深入的探讨,认为全球范围内的各城市作为载体,形成资源要素流转和配置的诸多节点,这些节点根据等级高低、能量大小、联系紧密程度等多种因素集结成为立体化、多层次、多极化的全球城市网络体系,其中对全球政治、经济、文化具有强大控制力和影响力的主要节点城市就是全球城市。英国拉夫堡大学全球化与世界级城市研究小组与网络组织(GaWC)是全球权威的全球城市研究中心,他们创造了一种以数量方式研究全球城市网络的方法来衡量全球城市,全球城市网络的形成被模型化为全球服务性企业通过日常业务"连锁"城市而形成的一种连锁性网络,跨国公司是此连锁过程的代理人。一个城市融入全球城市网络的程度往往说明这座城市的国际化程度,也与城市未来发展前景相关。2018年9月,全球化与世界级城市研究小组与网络组织公布了2018年全球城市排名,全球共有361个城市入围这份名单,其中特级城市只有纽约和伦敦两座,而中国的北京、上海和香港则入围一级强级别。因此,可以看出上述学者和研究机构主要是从全球城市的网络连接属性对全球城市的概念进行界定,全球城市作为全球网络中的重要节点,是全球资源集聚、辐射、流动的重要载体,具有整合和配置全球资源要素的能力。

综上所述,全球城市是全球资源配置的重要网络节点和联系枢纽,具有融入全球网络、整合和配置全球资源要素的能力以及全球服务中心的功能,呈现出与全球范围内其他城市常态化互动联系性等特点,目前主要分布在发达国家如美国、英国和日本等。全球城市作为城市发展的高级阶段,聚集了大量的跨国公司总部、国际性组织以及优秀人才等,是全球资源集聚、辐射、流动的重要载体,是全球或区域重要的政治、经济、文化和科技中心,并且在全球范围内具有重要的影响力。

表 1-1 全球城市概念汇总对比表

界定视角	概念要点	文献
联系性、服务中心	全球城市作为跨国公司的总部集聚地,与全世界重要的城市发生着常态化互动联系,是一个国家或地区的中心,服务全球经济的发展。	萨森(1991);吴丹、奚俊芳(2007);吴灿燃(2011);黄苏萍、朱咏(2011);石光宇等(2014)。
网络连接	全球城市作为全球网络中的重要节点,是全球资源集聚、辐射、流动的重要载体,具有整合和配置全球资源要素的能力。	卡斯泰尔(1996);泰勒(2001,2002,2013);周振华(2008);程遥、赵民(2014);周海蓉、张云伟等(2018)。

1.1.2 全球城市的特征

弗里德曼(Friedmann,1986)指出,全球城市的本质特征是拥有全球经济控制能力,这种控制能力主要源于集聚其中的跨国公司总部。萨斯基娅·萨森(Saskia Sassen,2001)指出全球城市的特征是:(1)高度集中化的世界经济控制中心;(2)金融和特殊服务业的主要所在地;(3)包括创新生产在内的主导产业的生产场所;(4)作为产品和创新的市场。褚劲风(1996)认为全球城市的基本特征主要是国际金融资本集散地、第三产业为主的产业结构、专业化程度高的服务业、高度发达的国际贸易、便捷的国际交通通信网络。陈璐(2006)认为全球城市的特征主要体现为：(1)跨国公司全球化网络尤其是跨国公司总部(或地区总部)的聚集地,具有在较大经济区域协调和连通国际资本流动以及国际贸易的能力；(2)后工业社会的生产场所以及全球性生产控制基地,即金融及高水平专业服务的供给基地和高新技术产业的生产和研发基地；(3)具有完善的支撑体系,是国际重要的交通通信和信息枢纽,拥有能满足国际文化和社会环境需求的高生活质量和包容力,具有与世界主流经济体系相适应的政治经济体制。王存亮等(2012)认为全球城市主要有三个特征：(1)具有雄厚的经济实力；(2)具有巨大的国际高端资源流量与交易；(3)具有全球影响力。美国著名智库布鲁金斯学会于2013年发布了全球城市的10个特征,包括：具有国际视野的领导层、面向全球的传统优势、具有全球竞争力的专长、对全球变化的适应能力、注重知识和创新的文化、吸引全球人才和公司的魅力、国际连结程度与方便性、战略重点投资能力、领导城市走向全球的政府、善于营销带来全球性声誉。沈洁等(2014)总结了全球城市的特征：(1)多元性：全球城市需要经济实力的支撑,但仅靠经济表现造就不了全球城市,由生活品质、创新氛围和优良管理构成的城市环境日显重要；(2)流动性：全球化本身就意味着知识、文化、思想、技术在国际间交融升华,并且首先要保证城市和区域内部从事各种经济文化活动的便捷；(3)包容性：为国际和国内移民提供平等就业生活的机会,不断吸引和孕育新的人才和创造力；(4)前瞻性：得益于具有国际视野的政府,在制定城市规划、建设并维护基础设施、保障安全、吸引投资、创建并推广城市品牌效应等方面发挥作用。马海倩、杨波(2014)认为全球城市区位特征主要是高度枢纽性、便捷性；拥有优越的自然禀赋条件；拥有广阔的内陆腹地。功能特征主要表现为强大的全球资源配置能力和全球综合服务功能；自我更新、自我革命的内在机制和创新能力；以人文环境和人力资源为核心的城市软实力。经济特征主要表现为雄厚的综合经济实力、高能级的现代产业体系、持续发展的创新能力。

综合上述国内外关于全球城市特征的主要认识，全球城市总体上来看应具有以下方面的主要特征：(1) 较强的综合经济实力；(2) 持续的创新能力；(3) 资源高度的流动性；(4) 具备先进的现代化产业体系；(5) 良好的包容性；(6) 完善的支撑体系(交通、基础网络、政府政策等)。

1.1.3 全球城市的功能

王存亮等(2012)认为对全球政治、经济、文化具有控制力与影响力是全球城市的两个核心功能，全球城市的控制力主要表现为对全球战略性资源、战略性产业和战略性通道的占有、使用、收益与再分配的能力。苏多永(2010)认为全球城市的功能主要是经济控制功能(资源配置功能、管理决策功能、研发创新功能、国际金融中心功能、国际航运中心功能和国际贸易中心功能)、城市服务功能(高度专业化的生产者服务是全球城市发展功能的主要组成部分)、城市辐射功能(对周边城市起到带动作用)、信息枢纽功能(信息密集型公司总部的集聚地、骨干网络宽带与网络数量等数据基地)。仝德(2014)等认为纽约、伦敦和东京是目前世界公认的处于世界城市等级顶端的三大全球城市，在新的国际分工体系中具有全球协调和调控功能。主要表现在：(1) 具有雄厚的经济实力，是世界经济、贸易、金融中心；(2) 集中了大量跨国公司、国际金融机构及国际经济组织，能够控制和影响全球或区域性经济活动；(3) 是国际性商品、资本、技术、信息和劳动力集散中心，国际性新思想、新技术、新体制的创新基地;(4)是国际性科技、教育、文化、体育、会展中心。从上述学者的论述可以看出,全球城市作为全球化背景下持续扩展的全球城市网络中的重要节点和枢纽,通过与其他城市常态化动态连接和互动,成为资本、信息等要素积累、循环和流通的复杂网络系统的重要组成部分,在全球范围内具有较大的影响力。全球城市主要具备以下的功能:(1)全球经济引导、管理、控制和协调功能;(2)高度专业化的城市服务功能;(3)全球政治、文化管控功能;(4)高度的城市辐射功能;(5)全球资源和信息的枢纽功能;(6)全球创新中心和策源地。

1.1.4 全球城市的分类

关于全球城市的分类可以追溯到彼得·霍尔(1966)的相关研究,他主要对伦敦、巴黎、纽约、东京等全球城市进行了分类研究,科恩(1981)通过对198个美国本土以外公司的区位进行分类,认为伦敦、东京、纽约属于顶级全球城市,大阪、芝加哥、巴黎、法兰克福、苏黎世和莱茵河地区为第二等级的全球城市。弗里德曼(1995)根据城市在全球经济中的节点作用,对30个具有影响力的城市进行了排序分类,伦敦、纽约和东京为全球金融中心,洛杉矶、法兰克福、阿姆斯特丹、迈阿密、新加坡为跨国节点,巴黎、苏黎世、墨西哥城、悉尼、马德里、圣保罗、汉城为国家中心,而大阪、旧金山、西雅图、休斯顿、芝加哥、波士顿、温哥华、多伦多、蒙特利尔、香港、米兰、里昂、巴塞罗那、慕尼黑、莱茵河地区为区域中心。

以上学者根据不同的分类指标对全球城市进行了分类,全球化与世界级城市研究小组与网络组织(GaWC)以英国拉夫堡大学为基地,尝试为世界级城市定义和分类。1999年,全球化与世界级城市研究小组与网络组织发布了全球第一个系统、权威的世界城市体系排名,用六大"高级生产者服务业机构"在世界各大城市中的分布为指标,对世界城市进行排名。主要行业指标范围涵盖银行、保险、法律、咨询管理、广告和会计,关注的是上述服务业范围内该城市在全球活动中具有的主导作用和带动能力。在此基础上将世界城市分为四个大的等级——Alpha(一线城市)、Beta(二线城市)、Gamma(三线城市)、Sufficiency(自给自足城市,也为四线城市)。而每个大的等级中又区分出多个带加减号的次等级。在每个档内,分为最高级别++,第二档+、无+,以及-档的标注,例如 Alpha++ 就是第一线第一档城市,Alpha+ 是第一线第二档城市。在 2018 年的排名中,超强一线的 Alpha++ 级城市分别是伦敦和纽约;一线强市 Alpha+ 城市有 7 个:新加坡、香港、巴黎、北京、东京、迪拜、上海。

2016 年 10 月,美国智库布鲁金斯学会发布的《重新定义全球城市》,根据经济和产业特征、贸易竞争力、创新能力、劳动力水平、基础设施的连接度、治理水平六个维度对全球城市重新分类,将"全球城市"分成了七种类型:第一类为全球巨头,包括纽约、洛杉矶、巴黎、伦敦、东京、大阪-神户;第二类为亚洲支柱,包括北京、上海、香港、首尔-仁川、新加坡和莫斯科;第三类为新兴门户,包括约翰内斯堡、孟买、深圳等处于快速发展中的新兴城市;第四类为中国工厂,主要为中国的二三线城市;第五类为知识之都,主要是创新中心,包括波士顿、西雅图、苏黎世等;第六类为美国中量级城市,这些城市中等规模,相对富裕,但是国际投资和国际贸易不够活跃,主要包括迈阿密、圣路易斯等城市;第七类为国际中量级城市,这些城市经济相对活跃,人才、资源等方面与全球的连接度较好,例如墨尔本、悉尼、多伦多等。

1.2 全球城市人才的相关概念

1.2.1 人才的基本概念

"人才",顾名思义,乃有才之人。"人才"一词最早出现在《诗经》中,距今已有三千多年的历史。随着时间的推移,人才的内涵也有了发展和变化。《辞源》中认为人才乃"有才学的人",《现代汉语词典》指出:"德才兼备的人,有某种特长的人"是为人才。

"人才"是个宽领域、多序列、多层次的概念,国内相关学者都曾对其进行定义和界定。我国著名人才学专家王通讯(1985)认为"人才就是为社会发展和人类进步进行了创造性劳动,在某一领域、某一行业或某一工作上做出较大贡献的人"。叶忠海(1983)认为,"人才是指在一定的社会条件下,能以其创造性劳动,对社会或某方面的发展,做出某种较大贡献的人"。2010年,中共中央、国务院在《国家中长期人才发展规划纲要(2010—2020)》中,将人才定义为"具有一定的专业知识或专门技能,进行创造性劳动并对社会作出贡献的人,是人力资源中能力和素质较高的劳动者"。

总结上述定义,会发现以下共同点:一是强调人才劳动的"创造性";二是强调人才拥有一定的专业知识或专门技能;三是强调人才劳动对社会进步和建设的"促进性";四是强调人才劳动对社会的"贡献性"。由此可以知道,人才的概念包含以下几种内涵:其一,人才是相对于从事重复性机械劳动的劳动者而言的,具有相对性;其二,在社会发展的不同阶段,人才标准也有所不同,人才具有时代性特点;其三,人才必须与生产要素中的其他要素结合,为社会做出贡献,因此从不同表现形式来看,人才又可分为现实人才和潜在人才。已经在社会中从事创造性劳动,为社会做出贡献的人才为现实人才,而大学生具有一定的进行创造性劳动、为社会进步和建设做出贡献的能力,但由于仍在求学阶段,没有将这些能力实际表现出来,是社会发展的潜在人才。

按照以上分析,"人才"应该是接受过长期的学校教育或受过长期训练,具有一定的创造能力,具有一定的专业知识或专门技能,可以为国家社会、经济、文化、科技等方面做出贡献,对社会进步有一定促进作用的人。一般地说,凡是受过中等教育或具有同等水平的专业人员和技术人员,都应归入"人才"之列,既包括已取得较显著成就的科学家、工程师、医生、教师等,又包括具有较熟练生产技能的技术工人,还包括尚未参加工作,但具有较好发展潜能的大、中专毕业生和硕士、博士研究生等。

1.2.2　全球城市人才资源开发的概念

全球城市集聚了大量的优秀人才,人才资源的开发对于全球城市至关重要。人才资源开发的概念源于日本,最早在我国提到人才资源开发的是王通讯的《怎样制定人才开发战略》一文,文中提出"人才资源开发"的三种观点:(1) 智力开发;(2) 提高创造才能、激发劳动积极性;(3) 扩大人才数量、提高人才质量、调动人才活力和优化人才环境。其中第三种观点受到学者们普遍认同。

在微观层面,人才资源开发包括自我开发和培养性开发,其中自我开发指的是开发主体的自主性和积极性;培养性开发指的是教师对学生的开发、上级对下级的开发等以培训教学为基本形式的人才资源开发。在宏观层面,人才资源开发包括社会性开发和政策性开发,其中社会性开发指的是社会环境对社会成员的培育和启发,用社会道德观念和价值观念进行引导;政策性开发指的是依靠科学、规范的制度体系,对社会成员进行有目的、有约束力的开发。

全球城市人才资源的开发与全球城市的特点紧密相连。全球城市的人才资源开发从微观视角来看,主要表现为企业、学校、事业单位等微观个体对人才的开发和培养,不仅企事业用人单位要加强对员工的培训,提高人才的自主性和积极性,同时还要注重学校对人才的培养,特别是通过鼓励国际化课程设置、积极开办国际中学和高等教育国际合作项目等途径加大国际化和全球性人才的培养和开发。从宏观视角来看,全球城市要扩大人才数量、提高人才质量、提高人才活力、优化人才环境,政府要出台相关的人才政策给予政策支持,培育良好的社会环境、生活环境、自然环境等吸引人才,用先进的城市文化、社会道德观念和价值观念引导人才的流动。由于全球城市人才资源的发展主要建立在以市场作为资源配置的基本方式上,上海未来在人才资源开发方面应该以微观层面的人才自我开发和培养性开发为主,以宏观层面的人才社会性开发和政策性开发为辅。

1.2.3 全球城市人才资源流动的概念

人才资源流动是全球城市网络演进的动力源泉。全球城市的发展已历经货物流主导和资金流主导阶段,正在进入知识、人才流主导的新阶段,人才对于全球城市的作用更加凸显,并成为推动世界城市网络体系演变和全球城市发展的重要动力源泉(何勇、姜乾之、李凌,2015)。人才资源流动在宏观上主要表现为城市之间、区域之间人才的流动,从微观上讲主要表现为人才在组织之间流动或者人才从一种工作状态转移到另一种工作状态。全球城市的人才资源流动从宏观视角上来看,主要指全球城市之间的流动和全球城市与非全球城市之间的流动，人才在全球城市之间主要沿着全球城市网络的各个节点集聚和扩散。从微观视角来看，主要指在全球城市内部人才在组织之间流动或者人才在组织内部从一种工作状态转移到另一种工作状态。本文对上海全球城市人才流动的研究主要集中在宏观视角层面。

1.3 人才资源开发及人才流动的影响因素

目前国内外相关学者和研究机构从宏观、中观、微观三个层面对人才资源开发及人才流动影响的因素进行了研究。宏观层面的研究主要涉及政治因素、政策因素、经济因素、教育因素、环境因素、社会因素和生活环境等主要因素；中观层面的研究主要从产业因素等方面分析；微观层面的研究主要包括从企业和个人角度进行分析，包括薪酬结构、家庭及个人关系、学历等。

1.3.1 宏观层面的影响因素

学者们从人才流动动因和城市人才环境评价等视角探索宏观层面的主要影响因素。西蒙(Simon，1995)认为成为全球信息流的集散地，并且具备高品质的生活环境，从而吸引具有专长的国际移民，对于全球城市十分重要。冯慰荣、冼国明(2003)分析了人才资源国际流动的宏观经济因素，并认为经济因素是人才资源国际流动的主要因素。王顺(2004)从城市人才环境视角分析城市人才吸引力，其构建的城市人才环境评价指标体系主要包括经济环境、文化环境、社会环境、人才市场环境、生活环境和自然环境等6个方面的指标。北京国际城市发展研究院世界城市研究课题组（2010）认为世界城市形成人才吸引力的三个决定性因素是（1）雄厚的经济实力；（2）良好的社会环境；（3）完善的教育体系。郑巧英等（2014）分析了科技人才跨国流动现象，认为影响其流动的主要影响因素包括7个方面：政治因素、政策因素、经济因素、人文因素、服务因素、生活因素和学术因素。

部分学者从动态的视角探索影响人才资源国际流动的宏观影响因素。如王全纲、赵永乐（2017）对全球高端人才流动和集聚的影响因素进行了综合性研究，认为人才政策是高端人才流动与集聚的原始动因，经济格局的变迁推动着高端人才流动与集聚，社会综合环境最终决定着高端人才流动与集聚的状况，科技创新环境则是决定高端人才流动与集聚的内涵性因素。

部分学者则进一步深入探索不同国家之间人才资源国际流动的宏观影响因素差异及相应影响效应。如魏浩等（2012）分析了国际间人才（主要是留学生）流动的影响因素，利用1999—2008年间全球48个国家和地区的统计数据，通过研究认为国家间的商品贸易会显著促进留学生在国家间的流动，发展中国家的留学生，当选择发展中国家作为目的国时，同时考虑教育因素和经济因素，当选择发达国家作为目的国时，主要考虑经济因素；发达国家的留学生，当选择发达国家作为目的国时，重点考虑教育因素，当选择发展中国家作为目的国时，同时考虑教育因素和经济因素。

从上述学者的论述中可以看到，人才资源开发与流动宏观层面影响因素的研究目前体现出以下几个特点：（1）主要宏观层面影响因素的维度涉及政治因素、政策因素、经济因素、教育因素、社会因素、人文因素、学术因素和生活环境等诸多方面；（2）从人才资源开发与流动行为全过程的影响机制出发找到各种影响因素的性质和相互关系，如不同的影响因素可以分类为动因因素、推动因素、决定性因素、内涵性因素、促进性因素等；(3) 从不同国家宏观层面影响因素及其效应的差异理解人才资源在不同国家之间的国际流动和集聚的主要动因。

1.3.2 中观层面的影响因素

国内外学者的研究发现，全球城市在全球产业链和价值链的分工也同样影响人才资源的开发与流动。由于全球城市处于全球产业链和价值链的高端节点，不同能级的全球城市介入全球城市产业链和价值链的方式和区位占有的方式不同，因此在整个产业链和价值链中的分工不同，对人才的开发和人才的需求类型也不同，全球城市产业链和价值链的进入环节和方式也是影响全球城市人才开发和流动的因素(张少军、刘志彪，2017；张鸿雁，2011)。沈荣华(2010)提出要建立世界城市的竞争优势，要围绕产业链各环节通过打造世界人才的优质服务体系和打造一批世界人才集聚的平台，建立一支世界性的人才队伍。

部分研究机构和学者在中观层面的产业环境下研究人才资源开发和流动的主要因素。海德思哲公司与经济学人信息部联合发布的全球人力指数报告(2011)认为义务教育质量、大学和商学院的质量、人才环境质量、劳动市场的流动性和开放度、外国直接投资、研发费用比例、工资规范等都是影响人才资源开发和流动的因素。窦超、李晓轩(2017)深入研究了科技人才开发的具体影响因素，发现诸如政府对科技人才的资助强度、地区经济发展水平、地区教育水平和地区基础设施建设水平对中部地区科技人才开发效率都有着显著的正向影响。杜兴强等(2017)则利用准实验研究了高铁开通对企业高级人才流动的影响，研究结果表明，高铁的开通能够通过扩大市场规模，进而增加企业的数量和规模，显著增强城市对高级人才的吸引力,从而使该城市上市企业聘请的博士学历高级人才人数增加。

1.3.3 微观层面的影响因素

在微观层面的影响因素方面,学者们通过人才评价指数体系构建、人才竞争力模型构建、人才个体流动动机模型构建、人才流动微观因素的量化分析等方法和路径得到了主要的影响因素维度。如杨清河等(2006)构建了包括人才数量指数、人才质量指数、经济环境指数、生活环境指数、社会文化指数、自然环境指数、人才市场环境指数、人才效益指数和人政策指数等9类指标、65个二级指标的人才评价体系。李光全(2014)认为影响人才竞争力的因素包括工作机会因素、薪酬结构、生活设施、地方多样性、经济激励、高质量的研究设施、与著名科学家合作的机会、自由地发表言论、研究政策、道德规范和知识产权保护、家庭和个人关系等。同时,低技能个体和高技能个体的开发和流动的影响因素,还存在一定的差异。阿伦茨(Arentz,2010)发现,高技能个体的流动主要由地区间的工资差异所导致,低技能个体的流动主要由地区间的工作机会差异所促成。许巧云(2017)研究了上海人才外流的动因,研究表明,平衡的工作与生活设计、职业发展是影响上海市人才流动的主要因素。王全纲、赵永乐(2017)发现学历与职业发展、薪酬满意度与城市工作环境、当前公司工作年限与城市工作压力共同对离开上海的工作意愿产生作用。詹晖(2017)对影响科技人才流动的因素进行了综合分析,首先着重分析了软环境因素包括经济发展水平、产业结构变动、地区政策以及文化环境,并逐一进行了细致、全面的分析,其次加入了影响科技人才流动的硬环境因素即人才市场服务水平、生活设施水平和自然环境等综合因素,并采用灰色关联分析方法对影响科技人才流动的经济、政策、文化以及社会四大软环境和硬环境因素进行了灰度分析,研究得出灰色关联系数与关联度,通过关联度测度出比较序列与参考序列间即吉林省的科技人才流动率与各影响因素间的关系紧密程度,同时明确了个人特征因素、工作满意度、组织承诺对流动意向的因果关系及深层次作用机制,从而得出科技人才流动的微观影响因素。

1.4 人才资源开发与人才流动的问题

目前学者们从静态和动态两个方面对人才资源开发与流动的问题进行了探索。前者的研究主要就人才资源开发与流动中的规模、数量和质量、人才结构等存在的问题及成因进行了理性分析,后者则试图针对人才资源开发与人才流动的机制和过程中存在的缺陷进行合理优化。

前者的研究成果表明,上海人才资源的规模、质量、结构等方面与"五个中心"城市战略目标的内在要求均存在着较大的差距。杨洋(2008)认为上海在人才资源开发的过程中人才结构存在的突出问题包括行业分布不合理、专业结构不合理、人才年龄结构及层次结构不合理、高级技工在技工中的比例偏低。闻岳春等(2008)分析了上海金融人才资源与开发管理存在的问题包括:金融从业人员的规模小;金融人才队伍的结构性矛盾突出(行业领军人物奇缺、中高层金融管理人才及高级专业金融人才数量缺口大、国际化金融人才和复合型金融人才缺乏、金融综合经营高级人才严重匮乏);金融人才队伍素质亟待进一步提高(金融人才队伍大多缺乏从业人员资格认证、中外资金融机构人才队伍建设呈现一定的差距);上海金融人才教育市场存在严重的弊端,后续教育质量不高,针对性不强;金融人才中介服务市场不健全。

后者的研究成果表明,人才开发与流动的过程和机制存在着种种问题,这也是影响人才资源数量、质量和结构的深层次原因。钱静华(2013)对北京建设全球城市人才资源基础存在的问题进行了深刻剖析,指出了人才配置和使用效率偏低、人才培养与实践需求脱节、人才流失严重等现象,在此基础上提出了相应的对策。陈媛媛、袁燕军(2011)通过将北京人才资源与纽约、伦敦和东京等全球城市做比较分析,发现在人才数量、质量、投入、创造力、教育状况等方面还有较大的差距,要通过多种渠道和多种方法主动推进。徐坚成(2011)认为上海人才开发的主要问题是人才构成与国际城市先进水平差距甚远,人才资源结构难以适应现代化建设需求;人才国际化素质亟待提高,科技成果产出效率偏低;人才竞争持续供给不足,人才培养体系建设有待进一步加强;制度法律缺失,参与国际化运作水平不高;公共设施和服务的国际化程度不高,人才发展的综合环境整体上处于劣势。郑巧英等(2014)认为我国全球科技人才流动中的主要问题是中国在高层次科技人才资源总量不足的同时,还在以留学和移民的形式大量流失。

1.5 全球城市人才资源开发与人才流动的国际比较

胡君辰(2006)研究了世界大都市的人才资源开发与管理,将伦敦、香港、东京、纽约四大城市和上海的吸引人才政策做比较研究。左学金、王红霞(2009)对比分析了纽约、东京、伦敦与上海的人口情况,认为上海城市创新进程中存在着高素质的人力资本相对匮乏，人口增长相对滞后，人口流动性、多样性与开放性不足等主要问题。武洋洋（2012）通过对比分析北京市人才现状与世界城市对人才的要求（与伦敦、纽约和东京进行对比），利用系统动力学的相关理论和方法构架出北京世界城市建设人才支撑体系，对系统的运作机制进行了分析。卓群（2017）通过对纽约、伦敦、新加坡和香港金融国际人才比较优势的对比表明，纽约和伦敦作为全球性顶尖国际金融中心凭借其产业和市场优势内生性地促进了国际性人才的培养和集聚，而新兴市场中新加坡和香港作为金融中心则主要通过政府主动采取引导措施以集聚和培养国际金融人才，上海金融业相比较而言尚比较薄弱，应更加注意发挥政府的主动性，借助改革开放、消除流动壁垒，促进国际人才集聚和发展。

  从上述研究可以看出，一是上海和新加坡、香港等城市的金融和科创等主要产业相较于纽约和伦敦等全球性顶尖城市还有较大的差距，难以依靠其产业和市场优势内生性地促进国际人才的培养和集聚，人才所依赖的宏观、中观和微观环境尚均存在着较大差距，因此需要政府扮演更加重要和主动的角色，发挥更加积极的作用，通过大力推动改革和制度变革，制定和实施更加有吸引力和竞争力的人才引进计划、人才政策、税收政策，加速构建优越的人才市场环境、制度体系、服务体系和生态环境，从而在人才尤其是国际人才集聚和开发方面建立起显著的后发优势。二是上海应根据自己在全球城市节点或枢纽的定位和其他全球城市错位竞争，制定相应的城市人才开发与流动战略，与其他全球城市共同建立起多层次有效匹配和互补的人才网络。三是上海应学习纽约、伦敦和东京等顶尖的全球城市，建立起科学和专业化的人才管理体系、现代化的人才管理运行机制、完善的国际人才市场体系、市场化的人才服务体系。

1.6 不同国家人才资源开发与人才流动的国际比较

刘雪梅(2007)比较了发达国家和地区如美国和德国人才资源开发和人才管理的经验,并在此基础上对上述经验进行综合分析和比较研究,对上海构建科学的人才政策体系有着十分重要的参考价值和经验借鉴。李雪(2011)对中美两国政府进行比较分析后指出借鉴美国政府的经验有利于完善和改进人才资源管理实践,具有重要的现实意义。徐国祥(2013)建立了一套国际化大都市人才国际化的指标体系,从比较数据中可以看出在上海人才国际化方面与发达国家存在着较大的差距。熊汉宗(2013)将中国与英国、新加坡的人才资源开发与管理政策做了比较分析,英国人才资源开发与管理政策的主要特点是重视教育,十分宽松的人才引进政策,积极推进产学研一体化的人才使用方针;新加坡的人才资源开发与管理的主要特点是注重人才的培养,以最好的政策引进最优的人才,以及公正、透明的人才使用体系。中国社会科学院人事教育局(2016)对美国的人才引进和发展状况进行了系统的回顾和总结,对美国"人才收割"战略及对策进行了总结,认为美国人才引进的主要特点是将培养人才、吸引人才提升至事关国家安全和保持综合国力的战略位置;人才引进政策强调为我所用,按照需求和本土利益设置不同层次的引进方式和数量;移民政策作为实施人才战略的重要路径作用凸显;吸引富有创造力的移民创办大量企业推动美国经济发展和促进就业;独特的教育、科研、创业环境以及优厚的待遇、高水平的生活成为吸引人才的良好环境。陈振明、陈芳(2015)指出加拿大人才发展战略对我国人才战略的构建具有以下四个方面的借鉴价值,包括通过首席研究员计划、优秀研究员计划等各类人才支持计划和对科研人才的税收优惠实现对知识型人才的有效激励;各级政府、高校、科研机构和企业共同合作,在治理结构、经费分配、人才评价、成果转化等多方面培育有利于人才发展的良好的科研环境;从教育战略、人才培训战略和人才开发战略等多层面构建自主自信的高质量人才培养体系;从选拔、培养、人才吸引及使用等各环节着手优化留学政策和环境,为国家培养紧缺和高端的留学人才。刘宝存、钟祖荣等(2016)对国外英才、技能型人才、高层次人才、在职人才的培养与开发做了对比分析,认为美国等发达国家凭借雄厚的经济优势和优厚待遇,重点吸引和攫取国外尤其是发展中国家的人才,实现从经济强国向人才强国的跨越;而日本、德国等后起资本主义国家则更加注重教育立国、人才强国,实行人力资本投资优先发展战略,把开发和利用人才资源放在首位;并认为当今国外人才培养与开发的主要发展趋势表现为终身化、信息化和国际化。

  从上述研究成果来看,各个国家的人才开发与流动具有如下特点:(1)根据所在国家的历史和现状,综合考虑不同层次的人才流动和开发的内涵和特点,科学制定系统性的国家人才开发和流动战略,在此基础上制定和形成行之有效的人才政策、人才治理结构,并形成有效的组织实施和监控机制。(2)人才战略重点有所不同,以美国为代表的发达国家凭借着雄厚的经济优势,以国家利益为导向重点采取"人才收割"战略和移民等人才引进策略,从全世界引进不同层次和类别的人才;日本、德国等后起资本主义国家则奉行人力资本投资优先发展战略,更加注重人才开发和利用。(3)发达国家在人才开发和流动的氛围营造、文化塑造和良好的城市生态环境等软环境建设方面较之于新兴或后起国家拥有较大的优势,而后起国家则比较重视在人才开发和流动具体政策的制定和实施方面有所作为。(4)国际人才流动与开发日益呈现出国际化、信息化、终身化、公正性等发展趋势。

1.7 人才流动预测分析的相关研究

国内外学者对人才流动预测的方法进行了深入的研究和探讨,形成了较为丰硕的成果。人才流动的定量分析与预测的模型和方法目前主要包括多元回归模型、灰色关联法、马尔科夫链预测模型以及基于人工神经网络的人才流动预测模型等。多元回归分析法,主要是通过影响人才流动的因素,预测未来人才流动的趋势;马尔可夫链(Markov chain)预测模型(郑峰,2017;宗鹏、吴祈宗,2007;昝欣、宗鹏、吴祈宗,2006)则是利用马尔可夫过程分析方法建立描述人员流动变化趋势的预测模型,也是一种常用的人才预测方法,例如昝欣、宗鹏等(2007)通过马尔科夫链预测模型预测了高校教师的流动性,将教师进修状态纳入分析范围,进行了教师职业生涯和职务发展趋势预测的深入分析。同时随着人工智能以及神经网络等技术的发展,神经网络方法在预测人才流动中呈现了更高的精确度,陆慧(2009)通过反映江苏省苏北地区人才流动状况的指标以及反映苏北地区人才储备状况的指标,基于人工神经网络对江苏省苏北地区的人才流动状况进行预测,研究表明运用人工神经网络预测人才流动具有很高的精度。

近年来国内外学者开始尝试将大数据和人工智能思想和方法应用在人才流动预测和人才开发管理中并取得了可喜的进展。王通讯(2016)、吉恩·保罗·艾森(Jean Paul Isson,2017)等运用大数据的基本原理与技术,针对传统人力资源管理存在的短板和问题,提出了将大数据运用于人力资源规划、寻找、招募、获得、评价、培训、薪酬、留住和管理商业顶尖人才等各现代人力资源管理领域的一系列新观念、新思路、新方法,为大数据技术广泛应用于人才资源流动和开发奠定了理论基础。姚凯、桂弘诣(2018)指出,数据爆炸和大数据技术的兴起彻底改变了商业分析的面貌,也为人力资源部门向数据驱动转型提供了前所未有的战略机遇。在人才的重要性日益凸显、企业间人才竞争加剧的形势下,利用大数据技术重塑人力分析和人力资源管理成为人力资源部门应对挑战、支撑企业长期竞争优势的关键。尝试从人力分析、人力资源管理部门和组织三个层面建立大数据人力资源和人才管理的理论框架,系统阐述大数据技术给人力资源和人才管理带来的变革和挑战,并从学科交叉的角度解释其内在逻辑,探讨了大数据对人力资源集聚和人才流动与开发带来的深刻影响与变革。

关于未来全球城市人才流动和集聚的主要趋势研究。何勇、姜乾之等(2015)对未来30年全球城市人才流动和集聚的趋势进行了预测,认为全球城市人才的流动和集聚将呈现出四大趋势:(1)全球人才一体化趋势增强;(2)全球人才双向化流动趋势明显;(3)人才引力向多元化趋势演变;(4)全球人才流动虚拟化趋势显现。汪怿(2016)对未来30年全球人才发展趋势进行分析,认为未来人才战略重要性日益突出、人才短缺常态化趋势明显、人才流动国际化进程加快。他分析了全球人才竞争的新趋势、新挑战,认为世界多极化、经济全球化背景下全球人才竞争呈现人才的战略重要性日益突出、人才短缺常态化趋势明显、人才流动国际化进程加快、人才竞争白热化程度加剧等新的特点。姜乾之、何勇、李凌(2018)分析,全球城市人才流动和集聚的主要趋势表现为全球人才一体化趋势增强,全球人才双向化趋势明显,人才引力向多元化趋势演变,全球人才虚拟化趋势日益显现。

第二章
中国及上海全球城市的人才资源开发与人才流动的现状及主要问题

《上海市国民经济和社会发展第十三个五年规划纲要》和《上海市城市总体规划(2017—2035年)》中明确提出,上海要努力建设成"国际经济、金融、贸易、航运和科技创新"五个中心,要建成现代化国际大都市和卓越的全球城市,而上海市在建设全球城市的过程中,最关键的因素之一就是人才。2018年3月18日,市委书记李强在上海市人才工作会议上指出:"抓人才是上海构筑战略优势、打造战略品牌、实现战略目标的第一选择和最优路径……坚持党管人才的政治导向、人才引进的高端导向、人才配置的市场导向、人才发展的国际导向、人才服务的精准导向,加快构建具有全球竞争力的人才制度体系,努力建设世界一流的人才发展环境,让上海成为天下英才最向往的地方之一。"人才的科学开发和合理流动是上海市成为卓越的、有影响力的全球城市的关键,因此在提出上海市建设全球城市的人才资源开发和流动的战略目标之前,有必要对中国和上海的人才资源现状进行全面分析,了解上海全球城市建设的人才资源开发与人才流动的影响因素,并深刻剖析目前上海市全球城市人才资源开发与人才流动的主要问题。

2.1 中国人才资源开发与流动现状及国际比较

根据WDI(World Development Indicators)数据库,WEF(世界经济论坛,World Economic Forum)出版的《人力资本报告2015—2017》,欧洲国际商学院(INSEAD)、印度塔塔通信集团(Tata Communications)和德科集团(Adecco Group)联合发布的《2018年全球人才竞争力指数报告(Global Talent Competitiveness Index,GTCI 2018)》,联合国教科文组织以及我国国家统计局等提供的相关数据,本文主要从以下八个方面就中国人才资源开发与流动的状况进行分析,具体包括不同国家人口总量与劳动力人口总量的比较、劳动力参与率与参与质量的比较、高等教育总人口数的比较、吸引人才和留住人才的得分比较、人才环境比较和人才培养开发程度比较、我国的人才流动状况分析、中国人才资源的问题及特点等。

2.1.1 人口总量与劳动力人口总量的比较

从人口总量和劳动力人口总量的国际比较看(见图2-1),中国的人口总量和劳动力总量在全球一直存在着明显的优势。截至2016年底,中国的人口总量达到1 403 500 000人,劳动力人口(15—64岁)总量达到1 012 990 000人,居世界第一位,数量非常庞大。中国总劳动力人口数也大于美国和印度,更是远远高于其他金砖国家。

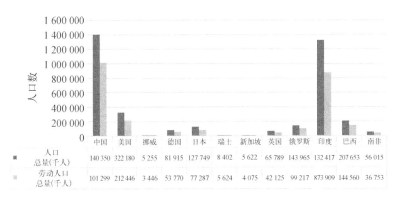

图 2-1　2016 年不同国家人口总量与劳动人口总量(15—64 岁)比较

资料来源：WDI 数据库　WEF《人力资本报告 2017 年》

2.1.2　劳动力参与率与参与质量的比较

劳动力参与率是指一个国家劳动力人口中，在职及正在求职的劳动人口总数量占人口总量的比例。根据世界经济论坛的统计，近三年，中国的劳动力参与率一直保持世界第一。2016 年，中国的劳动力参与比例达到 70.7%。但是新加坡、瑞士、俄罗斯等国家的劳动力参与比例也在提高，与中国的差距已经非常小。

除此之外，我们采用人均 GDP 来衡量劳动参与的质量，对主要国家的人均 GDP 进行对比后显示，截至 2016 年底，中国的人均 GDP 达到 14 401 美元。对比主要欧洲国家，挪威、瑞士与德国的劳动力参与率虽然低于中国 6.2%、1.3%、9.8%，但是其人均 GDP 却是中国 4.4 倍、3.9 倍、3.1 倍。对比金砖国家的俄罗斯，其劳动力参与率比我国低 1.2%，人均 GDP 却比我国高 67%。值得关注的还有新加坡，虽然其劳动力参与比例比我国低 2.4%，但是其人均 GDP 却达到惊人的 81 443 美元，远远超过其他主要国家（见图 2-2）。由此可以看出，中国劳动力参与比例虽然高，但是劳动力参与质量还不高,我国依然是依靠人口红利取得 GDP 总量的增长,人口质量水平较低,人口质量还有很大的提升空间。

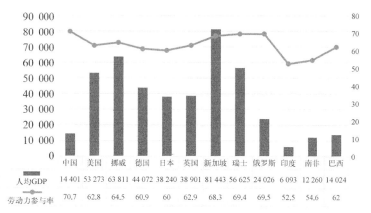

图 2-2　2016 年不同国家劳动力参与率与人均 GDP 比较

资料来源:WDI 数据库　WEF《人力资本报告 2017 年》

2.1.3　不同国家高等教育人口数量比较

从 20 世纪开始,世界各国就已经开始重视对人才的培养,几乎所有的国家都开始致力于对高等教育的大力投资。全球高等教育人才库的总量不断增长,但是各个国家培养高等教育人才的效率和效果还存在很大的差异。就高等教育人才总量而言,中国、印度和美国,占据着全球最大的高等教育人才供给者的前三位。一方面是因为三个国家绝对的人口总量优势所致,另一方面也是三个国家近年来重视高等教育投资的结果。根据世界经济论坛最新数据计算,截至 2016 年底,中国高等教育人才总数量为 6 735 万人,超过印度(6 715 万人)和美国(6 364 万人),成为世界高等教育人才总量最大的国家(见图 2-3)。而在 2014 年,中国高等教育人才总量还排在世界第三位。究其原因,一方面可能是因为近些年中国高等教育继续扩招所致,另一方面应该与国际高等教育人才部分回流有关。随着中国经济的全面发展,原来中国高等教育人才流失的现象正在逐渐转变。据人民网报道,2015年开始中国出现了新中国成立以来最大规模的"海归潮":截至2016年底,中国留学回国人员总数达265.11万人,其中仅2016年当年回国就达到43.25万人,其中绝大部分是具备专科及以上学历的海归人才。但是我们也应该清醒地看到,中国高等教育人口总数量占全国总人口的比重还是非常低,即使在金砖国家中也是排名最后,更不要说与发达国家相比。这一方面与中国人口基数大有很大的关系,另一方面也表明中国的高等教育人才培养和引进还应该有很大的提升空间。

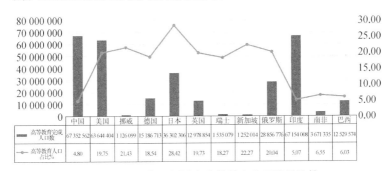

图2-3 2016年不同国家高等教育人口总量比较

资料来源:WDI数据库 WEF《人力资本报告2017年》

不仅如此,根据世界经济论坛的调查统计,2016年世界各国专科及以上学历获得者在主要劳动年龄(25—54岁)人群中的分布也非常不均衡。在日本、美国、德国、英国、新加坡和俄罗斯等国家中,25岁以上的主要劳动年龄(25—54岁)人口中有超过25%的人获得过专科及以上学历。其中,在日本超过50%的主要劳动年龄(25—54岁)人口具有大专及以上学历,新加坡的这一数据指标是41.8%,美国是31.5%。相比之下,中国和印度分别只有8.4%和10.7%的主要工作年龄(25—54岁)人口持有大专以上学历(见图2-4)。

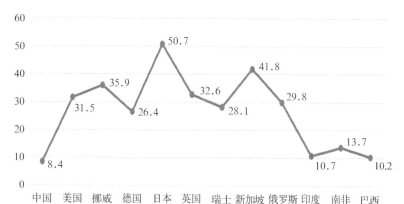

图 2-4 不同国家主要工作年龄(24—54 岁)人口高等教育学历人数占比

资料来源：WDI 数据库　WEF《人力资本报告 2017 年》

但是截至 2016 年底，中国的高等教育入学率已经达到 43.4%，该指标远远超过南非和印度，与主要发达国家之间的差距也在逐步缩小（见图 2-5）。主要劳动年龄(25—54 岁)人群中的高等教育人口总量反映的是一个国家现有人才库的总体容量，它是一个国家当前经济发展的基础和保证；而高等教育入学人数及入学率则代表着一个国家未来 3—5 年人才库容量与人才发展潜力，是一个国家经济增长重要的引擎和动力，对一个国家的经济、社会的发展都会产生非常重要的影响。中国高等教育入学率的逐年提升，集中反映了近些年中国政府十分重视高等教育工作，采取各种措施优化高等教育结构，不断加大高等教育投入，推动高等教育跨越式发展的结果。

2.1.4　不同国家吸引人才与留住人才得分比较

德科集团（Adecco Group）、欧洲国际商学院（INSEAD）等 2017 年对全球 119 个国家进行了问卷调查，计算了各国吸引人才和留住人才的得分。

第二章 中国及上海全球城市的人才资源开发与人才流动的现状及主要问题

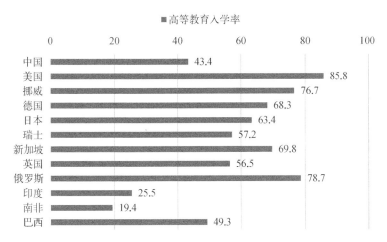

图 2-5 2016 年不同国家高等教育入学率
资料来源：WDI 数据库　WEF《人力资本报告 2017 年》
注：高等教育入学率＝高等教育入学人口总数/已完成高中教育的人口总数＊100％

在人才吸引力得分项中，新加坡表现非常优异，其得分高达90.61（见图 2-6），远远超过其他国家，排在世界首位。新加坡之所以能够快速发展，除了其得天独厚的地理位置、发达完善的市场机制、清廉高效的政府管理体制以及优越的人文环境等原因之外，还有一个重要原因就是其崇尚"人才立国"的理念，倍加珍视人才，推行"精英治国"，采取各种针对性措施吸引海内外高智力精英人才。其人才引进政策的主要特点包括：以顶级酬劳来吸引全球顶尖人才，让全球人才带来全球观念；设立各种专门人才引进计划（如实施"外国学者访问计划""临时回国计划""长期回国计划"等等）；将各个科研机构、高校作为引才重要基地，吸引海外人才回流；斥巨资打造一流国际大学——南洋理工大学和新加坡国立大学，努力培养本土人才，防止国内人才外流，吸引外国留学生，降低国家引进人才的成本，从而从根本上保持长期的人才资源竞争优势，并为吸引紧缺人才提供有力支撑。

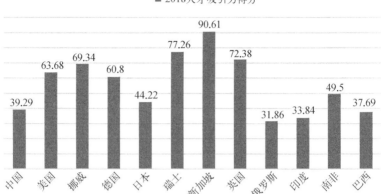

图 2-6 不同国家吸引人才的得分比较

资料来源：Adecco Group、INSEAD & TaTa：《全球人才竞争力指数报告 2018》

在金砖国家中，除巴西外，金砖国家对人才的吸引力排名在 2017 年均有所进步，其中中国和印度进步最快。在金砖国家对人才的吸引力得分项中，南非的人才吸引力超过中国，位居金砖国家首位。其中的原因可能是自 1994 年后，南非政府深刻认识到人才是一个国家创新体系的基础，是实现知识经济的关键，其先后颁布实施了《人才资源开发战略》《技能开发法案》《卓越中心计划》《研究首席计划》等人才政策，通过实施大科学工程、完善科研基础设施等措施留住国内科技精英人才，同时吸引世界顶尖科技人才。另外，南非非常注重人才国际间交流与合作，其通过制定《国家稀缺人才清单》(2007 年)，先后与欧盟、中国以及其他非洲国家进行人才交流和合作。该国不拘一格地在海外就地使用本土科技人才的模式也值得借鉴。如 2014 年南非与英国共同签署成立"牛顿基金"，用以资助重点领域的科研与创新活动，同时允许双方科学家在各自本国内开展对方国家的科学研究项目，进而为对方国家科研效力。

除南非外,虽然中国对人才的吸引力得分明显高于其他三个金砖国家,但是从数据中也可以明显看出,印度和俄罗斯在吸引人才方面能力逐年提高。尤其是印度,有许多值得借鉴的经验。例如,2002年9月,印度内政部正式实施"印度裔卡"计划,后来又推行"印度海外公民卡"。其相当于是一张"终生签证",使得海外的四代印度裔人士,可以随时回到印度国内,不需办签证,并在文化、经济和教育领域等方面,享有特殊的优惠和待遇。截至2013年7月31日,印度已经发放了1 372 624张印度裔卡,其中,授予居住在美国的印度人的印度裔卡最多,为520 055张,超过了总数的三分之一;其次是居住在英国、澳大利亚和加拿大的印度人的印度裔卡,分别为307 822张、133 755张、114 748张。可见该计划对于从发达国家吸引印裔海外人才回流的成效非常大(见图2-6,表2-1)。提升吸引人才的能力是中国和印度共同面临的挑战,INSEAD编纂全球指数的执行理事Bruno Lanvin认为,中国和印度都面临着本地高技术人才移居海外工作的问题,要想提高对人才的吸引力,"两个国家需要进一步改善人才政策和市场环境"。

表2-1 主要国家人才吸引力指数排名变化

	中国	美国	挪威	德国	日本	瑞士	新加坡	英国	俄罗斯	印度	南非	巴西
2018ATTRACT	76	18	12	22	54	5	1	8	106	98	40	86
2017ATTRACT	100	16	14	20	51	5	1	11	107	114	41	71
上升幅度	24	-2	2	-2	-3	0	0	3	1	16	1	-15

资料来源:Adecco Group、INSEAD等:《全球人才竞争力指数报告2018》《全球人才竞争力指数报告2017》

在留住人才方面,瑞士、挪威、德国、英国等欧洲国家做得非常出色,这与欧洲国家的独特的自然特色、包容的人文生态以及优厚的国家人才福利措施等息息相关。同时,在金砖五国中,俄罗斯、巴西在留住人才方面做得也比较好。中国留住人才得分为48.21,仅居第三位(见图2-7)。中国近些年一直主要依靠人口红利,吸引一部分海外投资人或华裔回国创业,但是要想真正留住国际人才,在各项人才引进政策、人才社会环境等方面需要进一步改进。

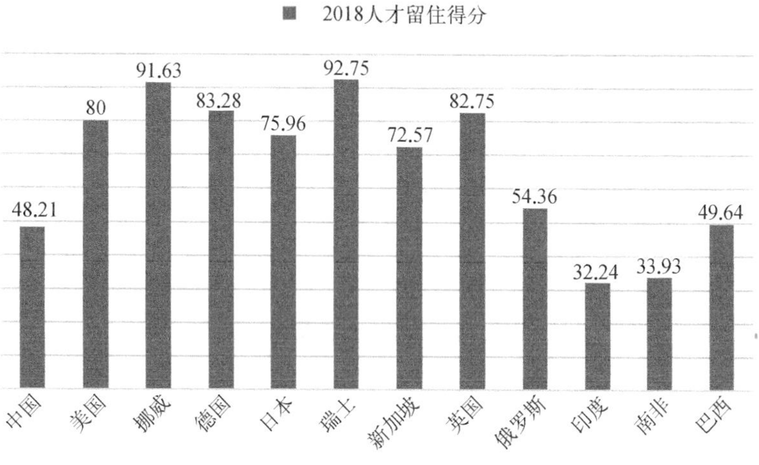

图2-7 不同国家留住人才的得分比较

资料来源:Adecco Group、INSEAD & TaTa:《全球人才竞争力指数报告2018》

表2-2 主要国家人才留住得分排名变化

	中国	美国	挪威	德国	日本	瑞士	新加坡	英国	俄罗斯	印度	南非	巴西
2018	64	14	2	10	20	1	25	11	55	99	97	61
2017	71	8	2	11	16	1	7	5	60	104	41	77
变化幅度	7	-6	0	1	-4	0	-18	-6	5	5	-56	16

资料来源:Adecco Group、INSEAD等:
《全球人才竞争力指数报告2018》《全球人才竞争力指数报告2017》

2.1.5 不同国家人才环境综合得分的比较

德科集团(Adecco Group)、欧洲国际商学院(INSEAD)等对全球 119 个国家在人才环境氛围等宏观方面的表现进行了问卷调查。其通过政府监管与市场环境、商业竞争与管理实践的程度和劳动力(人才)市场的运作等维度,对各国家有关人才培养和发展的氛围与环境进行描述。从统计数据来看,瑞士、新加坡在此项指标上的表现独树一帜,其得分均超过 90 分(瑞士 91.85;新加坡 92.38)。中国在该项上的得分虽然比不上西方发达国家,但是也远远超过其他金砖国家(见图 2-8)。这与中国近 3 年出台了一系列人才引进新政策和国内投资环境大幅改善密切相关。同时改革开放以后,大批外企被吸引到中国,在一定程度上也帮助中国培养了与国际接轨的人才,特别是上海,作为中国的金融中心、国际贸易中心,集聚了大量的金融、贸易、法律等人才,人才的集聚度已经

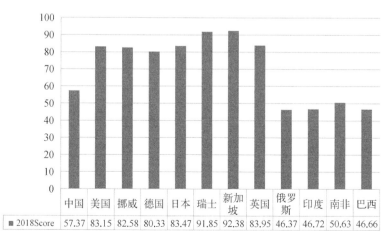

图 2-8 不同国家人才环境综合得分比较

资料来源:Adecco Group、INSEAD & TaTa:《全球人才竞争力指数报告 2018》

超过中国平均水平,但是上海想要成为有影响力的全球城市,与其他国家、地区相比,应该在留住人才上制定更为合理的政策、创造更好的人才环境。

2.1.6　不同国家人力资源培养开发得分的比较

世界经济论坛通过衡量潜在劳动力(next-generation,0—24周岁)接受正规教育的水平和当前劳动力(24—54周岁)学习工作新技能参加再培训的机会等方面来分析对比各个国家在人力资源培养方面的表现差异。其具体指标包括小学入学率、小学质量、中等教育入学率、中学入学性别差距、职业教育入学率、高等教育入学率、毕业生的技能多样性、教育系统质量、现职人员终身培训程度等。在其统计的130个国家中,瑞士、美国、挪威的得分均超过80分。在金砖国家中,中国得分68.47,低于俄罗斯,但高于其他金砖国家(见图2-9)。另外,世界经济论坛认为,2017年世界各国对人力资本的开发利用,包括发达国家和发展中国家在内,都尚未充分实现其对经济贡献的潜力,人力资本全球平均开发利用率只有62%。在统计的130个国家中,大部分国家该指标处于50%—70%,仅有25个国家超过70%,另有14个国家低于50%。报告认为,造成该现象的原因,一是各个国家未能使人力资本达到最有效的资源配置,各个国家应该根据其人口结构和发展战略确定科学的人力资本开发战略,使每个人能够"人尽其才";二是人才资源缺乏新的职业技能培训和终身受教育机会,各国都必须采取积极行动,制定从教育到就业,从技能培训到终身学习等全面系统的人力资本培养开发措施。另外报告还指出,现在年轻人虽然拥有更好的正式教育水平,但其在择业中由于缺乏经验等,还没有让其充分施展的空间。

第二章 中国及上海全球城市的人才资源开发与人才流动的现状及主要问题　037

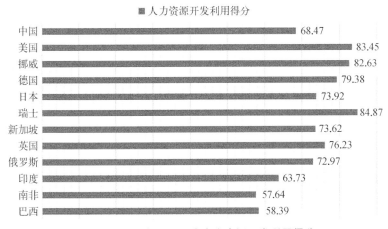

图 2-9　2016 年不同国家人力资源开发利用得分
资料来源：WDI 数据库　WEF《人力资本报告 2017 年》

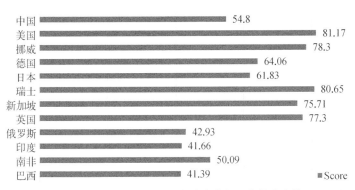

图 2-10　不同国家人才培养与开发得分比较
资料来源：Adecco Group、INSEAD & TaTa：《全球人才竞争力指数报告 2018》

德科集团、欧洲国际商学院等也在《全球人才竞争力指数报告 2018》中衡量了一个国家在人才培养（成长）方面的表现。其具体的衡量指标包括该国的职业教育入学率、高等教育入学率、高等教育支出、大学排名、终身学习质量、企业培训率、雇员发展、个人权利、虚拟社交网络的使用、组织内的合作、跨组织协作等具体指标。

其研究结果表明,中国在人才培养方面表现突出,得分超过金砖国家,与德国、日本的差距也在缩小。尤其体现在基础教育、高校排名、企业培训等方面,但在职业教育入学率、社会网络协作(跨组织协作、组织内协作等等)、终身学习、员工发展、获得增长的机会等方面还有很大的提升空间。

2.1.7 我国人才资源流动现状

人才资源的流动包括人才的外流以及人才的流入与归化。根据国家统计局统计数据显示,2016年,我国出国留学人员为54.45万人,当年学成归国人员为43.25万人,出国与回国人数比达到1.26比1。2016年我国毕业归国的留学生数量比2007年增长了近10倍,与2010年相比增长了近3倍,出国留学人数与回国人数比例也出现了大幅下降,人员流出现象得到很大程度的缓解。从2012年开始,中国甚至出现了新中国成立以来最大规模海外留学人员"归国潮"(如图2-11)。而且领英大数据显

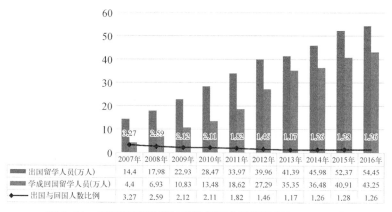

图2-11 我国出国留学与留学归国人员情况(2007—2016)

资料来源:中华人民共和国国家统计局网站

示,拥有10年及以上工作经验、在某个领域能够领衔创新的35至45岁高层次海外人才归国人员总数在2016年达到了2010年的两倍。

虽然我国在引进国际人才方面较前些年已经有了很大的进步,但是我国对高层次人才的吸引力不高。主要表现在:第一,目前高层次归国留学人才占比非常低。以博士学位为例,据《中国留学回国就业蓝皮书2016》调查显示,2016年我国留学回国就业人员中11.09%具有博士研究生学历,与上一年度9.49%的数据相比,该比例有所上升,但是上升幅度偏小。2017年留学人员回国服务工作部际联席会议指出,截至2016年底,我国"千人计划"引进海外高层次人才6 000多人,各地引进高层次留学人才5.39万人,仅占我国累计留学回国人员总数的2.3%,高层次留学人才占比非常低。第二,归国留学人才年龄结构不合理,整体偏年轻化。截至2015年底,我国留学回国就业人员中,年龄主要分布在23—33岁之间,占95%。留学回国就业人员的平均年龄为27.04岁,其中硕士为26.56岁、博士为32.09岁。这些数据一方面表明越来越多的年轻学生选择到国外学习,然后学成归国,另一方面也表明归国留学人才的层次普遍不高,缺乏各个领域高端带头人才。第三,归国留学人员专业结构集中,专业发展不平衡。其中从总体学科结构看,理学、管理学、经济学和工学成为人数比例较高的四大学科方向;从各学位学科结构看,硕士研究生学历人群的学科方向跟总体学科结构类似,但是博士研究生学历组的学科结构有其自身的特点,人数比例较高的学科方向为工学和理学;从各个学科的总人数看,商科和应用经济学的学生人数几乎占到总人数的一半以上,而国内急需的互联网人才、资本运作人才以及文创人才等却有很大的缺口,各个学科发展极不平衡。

2.1.8 中国人才资源的问题及特点

一、人力资源丰富,人才资源尤其是高层次人才资源还相对匮乏

中国作为人口大国,人口基数大,人才基础资源和人力资本总量较为充足,人才基础优势显著。根据以上分析,我国人力资源总量位居世界首位,但是人才资源,尤其是高等教育人才资源占人力资源总量比例较低,高层次人才仅占人才资源总量的5%左右(其中24—54岁年龄层的高等教育人才占比9%,54—64岁年龄层的高等教育人才占比为4%)。也就是说,我国是人口大国,但不是人才大国,更不是人才强国。虽然最近几年中国高等教育不断在扩招,国家采取各种政策措施提升国民教育水平和技能培训水平。而且随着中国经济的全面发展,原来高等教育人才流失的现象和趋势也在逐渐转变。但是我国人才资源匮乏和高层次人才缺乏的现象依然存在,这已经成为制约我国科技发展和经济增长的关键因素之一。

二、人才资源整体水平不高,人才资源配置不合理,人才开发效率不高

根据世界经济论坛的数据分析,全球130个经济体的人力资本利用水平排名中中国仅位列第34名,大部分国家处于50%—70%,中国也位列其中。也就是说,与发达国家相比,我国还远未能达到人力资本最有效的配置,而且随着我国经济社会的供给侧结构性改革,各行各业都在调结构、促转型,这必将对人才需求总量和人才配置结构提出更高的要求。除此之外,我国还存在人才的结构性失衡与内涵性紧缺的难题。随着互联网与经济社会的进一步融合发展,整个社会呈现出对人才多样化的需求特征,用人单位对高学历、高技能、复合型的人才的需求增加,对低素质、低技能的劳动力的需求将逐步减少。据《2018年第一季度部分城市公共就业服务机构市场供求状况分析》报告显示,整个人才市场对高技能型人才用人需求均大于供给,其中高级工程师、高级技师、高级技能等级工程师岗位空缺与求职人数的比率(岗位空缺数量/求职人数)较大,分别为2.42、2.24、2.39、2.04[1],具有较高职务职称要求的岗位人员短缺十分严重。但与此同时,在我们这样一个人口众多的国家,人才资源整体水平不高的情况下,就不可避免地会出现劳动力市场"过剩"的不合理现象,结构性失业现象比较普遍,"求职难"与"用工荒"并存的问题将会持续凸显。

三、人才培养与实际脱钩

目前中国大专及以上学历人口数量和博士的培养规模均已居世界前列,而且目前还有很大体量的高等教育在校学生,这些人才将成为我国高等教育人才库的储备力量。德科集团、欧洲国际商学院的报告研究表明,2016年中国在人才培养方面表现突出,但是,与世界发达国家相比,中国人才培养还存在一定差距。主要表现为对潜在劳动力培养投入较低,学校学科设置与企业所需人才存在一定的脱钩,导致中国人才总量充足,潜力较大,但是实用性人才不多,创新性人才匮乏,具有知识型、技能型、创新型特点的新型劳动力人才短缺。根据2016年《中国劳动力市场技能缺口研究》[2]报告指出,每年毕业的超过700万的大学生,70%的企业认为其在学校学习的知识实用性不强;超过2.8亿的农民工,仅有33%接受过技能培训,仅有5.9%拥有职业技术证书,经过培训部

---

[1] 此处数据来源于中华人民共和国社会保障部官网,岗位空缺与求职人数的比率为岗位空缺数:求职人数,此比率大于1,说明此类型的人才需求岗位多,对此类型的人才需求量大。

[2] 本报告由摩根大通发起,由清华大学和复旦大学共同完成,发布时间是2016年底。

门安排上岗的农民工比例仅为0.3%。

四、人才竞争力不足,人才吸引力和留住人才得分不高

如前所述,在2018年全球人才竞争力指数在对全球119个经济体的人才培养、吸引及保留能力的比较中,中国综合排名第43位。因此,相比西方发达国家,中国的人才竞争力严重不足。中国主要依靠人力资源的富裕获得人口红利以促进经济发展,对人才的吸引力相对较弱。中国政府一直采取多种措施,多方位吸引人才,多手段留住人才,但是与西方发达国家相比,目前还未形成良好的国家人才竞争力。随着世界经济信息化、网络化与一体化发展,中国政府不仅需要出台相应的针对性政策吸引高层次人才、留住高层次人才,同时还要培养一批符合中国未来经济社会发展需要的、具有较强竞争能力的人才队伍,形成科学的人才梯队和人才体系。

五、人才生态环境还需优化

当今世界正处于知识经济时代,人才是推动科学发展的主要力量。经济的发展、社会的进步、国家的富强都离不开人才的贡献,世界各国都开始重视人才的发展,而人才的发展离不开良好的人才生态环境。所谓人才生态环境主要是指构成人才环境的各个要素之间的动态、均衡发展。根据上述分析,人才生态环境建设应该从加强市场监管和改善商业环境、规范商业竞争与管理实践的程度以及优化劳动力(人才)市场的运作机制、健全各类人才政策和治理结构等各个方面同时进行提升。我国想要在国际人才竞争中占有优势,就必须营造良好的人才生态环境,必须充分重视人才吸引、留住、培养工作。但是目前我国的人才生态环境与主要发达国家相比,还有很大差距。我国应该充分借鉴美国、日本、德国、新加坡等发达国家的经验,不断地完善我国的人力资源管理体制机制,充分发挥市场经济的作用,挖掘现有人才资源的优势,同时应该切实保障人才资源流动渠道的畅通,使人才结构和经济结构能够动态适应。

六、国际人才流失现象缓解,但是高层次人才流入依然严重不足

根据教育部统计数据显示,2017年我国出国留学人数已经达到60.84万,同比增长11.74%,同年留学人员归国人数达到48.09万,较上一年增长11.19%,而且获得硕士研究生学历及以上人员和博士后出站人员总数达到22.74万,同比增长14.90%。作为具有国际竞争力的精英群体,海外归国人员,尤其是高层次海归人员是我国人才资源的重要组成部分,其带来的智力优势、资金优势与技术优势,越来越成为推动国家经济发展和社会转型的重要力量。我们必须关注海外归国人才集聚的突出特征,不仅要将海外归国人员引进来,更要使海外人才引得好、留得住,真正发挥其优势作用。随着信息化、大数据时代的到来,"国际人才大数据"将成为国家引进海外高层次人才和海外归国人员的最富有价值的方法和手段,在国际人才引进和流动的预测、人才评估、人才甄选、人才培训、人才考核和跟踪管理以及人才政策评价和优化等方面大显身手,发挥着越来越重要的作用。

2.2 上海市人才资源发展现状及国际比较

2.2.1 上海市人口及就业情况

2016年上海市常住人口总量达到2 419.7万人。近五年来,上海市常住人口基本呈现缓慢增长的态势,其中2012、2013年的人口增幅在1.5%以内,但是从2014年开始增幅降低,2015年甚至出现了负增长,2016年上海市常住人口增长率回升,但是增幅很小,仅为0.18%。2016年全社会各行业从业人员为1 365.24万人,占常住总人口的56.4%,2012—2016年上海市全社会各行业从业人员增长速度不太均衡,从2012年到2013年出现了大幅增长,之后又出现了较大水平的下降,甚至在2014、2015年出现了负增长(见表2-3)。上海市第一、第二、第三产业的就业人数占全社会各行业从业人员的比例在2012—2016年间变化较为平缓,第一产业就业人数占比在3.3%左右(除2012年)。但是第二产业从业人数占比逐年降低,从2012年39.44%,到2016年降到32.85%,而第三产业就业人数占全社会各行业从业人员的比例在逐步提升,从55%升至63.82%(见表2-4),这一现象值得关注。

表2-3 上海市常住人口和就业情况

类　型	2012年	2013年	2014年	2015年	2016年
常住人口总量(万人)	2 380.43	2 415.15	2 425.68	2 415.27	2 419.7
增长速度(%)	1.4	1.46	0.44	(0.43)	0.18
全社会各行业从业人员(万人)	1 115.5	1 368.91	1 365.63	1 361.51	1 365.24
增长速度(%)	1.01	22.72	(0.24)	(0.30)	0.27

资料来源:《2013—2017年上海统计年鉴》

表2-4 上海市第一、第二、第三产业的就业情况

类　型	2012年	2013年	2014年	2015年	2016年
第一产业就业人数(万人)	45.7	46.36	44.81	46.01	45.45
第一产业就业人数占全社会各行业从业人员的比例(%)	4.10	3.39	3.28	3.38	3.33

续 表

类 型	2012年	2013年	2014年	2015年	2016年
第二产业就业人数(万人)	439.96	479.22	476.87	459.74	448.5
第二产业就业人数占全社会各行业从业人员的比例(%)	39.44	35.01	34.92	33.77	32.85
第三产业就业人数(万人)	629.84	839.04	843.95	855.76	871.29
第三产业就业人数占全社会各行业从业人员的比例(%)	56.46	61.29	61.80	62.85	63.82

资料来源:《2013—2017年上海统计年鉴》

2.2.2 上海市人才总量及结构情况

《上海市中长期人才发展规划纲要(2010—2020年)》显示,到2020年,上海市全市人才资源总数量要达到640万人。要确立人才国际竞争比较优势,进一步提升海外高层次人才集聚度。其中,常住上海的外国专家要达到21万人,全市要引进2 000名海外高层次创新创业人才;要加强人才结构与产业结构的匹配和融合,其中知识型服务业人才要占到全部人才总量的60%,高技能型人才要占到技能型劳动者总量的35%,主要劳动年龄人口中受过高等教育(专科及以上学历)的比例要达到53%;要提升人才自主创新能力,其中高层次创新型科技人才要达到9 000人,人才的贡献率要达到54%,每万劳动力中研发人员(R&D)达到148人年,国内专利授予量要达到5万件;要优化人才发展环境,使得人力资本投资占全市生产总值(GDP)比例达到18%。

根据《上海市人才发展"十三五"规划》数据显示,目前,上海市人才队伍规模正在稳步壮大。截至2015年底,上海人才(含党政人才、经营管理人才和专业技术人才)总量为476.39万人,占全社会各行业从业人员总量的比例为35%,与2010年底相比,增加了85.31万人。其中,具有大专及以上学历或者中级及以上职称的有343.22万人,与2010年底相比,增加了95.18万人。高技能人才占全体技能劳动者的比例从2010年的25.01%提高到30.17%。

2.2.3 上海市人才引进情况

过去3年,上海加紧出台并实施了一系列海内外人才引进政策和措施,从2015年7月出台的"人才20条"到2016年9月颁布的"人才30条",再到2018年3月提出的《上海加快实施人才高峰工程行动方案》,以及各项相关的人才引进配套措施的相继落实,保证了国内外优秀人才的引进力度和引进效果。

一、海外人才引进情况

一是通过将上海外籍高层次人才认定标准向科技创新创业人才以及一线科研骨干倾斜,大幅提升了外籍高端人才永久居留与海外人才居留许可申请的比率。相关统计数据显示,目前上海试点了22项海外人才出入境政策,率先探索海外人才永久居留的市场化认定标准和便利服务举措。自2015年7月1日至2018年1月底,已有957名通过市场化认定的外籍高层次人才(含家属)申请办理永久居留,申请总量超过全国外籍高端人才永久居留申请总量的50%,通过公安部审批已拿到居住证785人(含家属,全市共有5 634人获得永久居留证)。截至2017年9月30日,共20 383人取得《外国人工作许可证》,其中包括为外籍高端人才办理5年期工作类居留许可证并加注"人才",为外籍人才办理私人事务类居留许可并加注"创业"等不同居留许可证照情况。

二是启动外国留学生毕业后直接留沪就业试点,尝试在上海高校取得硕士及以上学位的外籍留学生,无须在沪就业两年工作经验,凭相关证明即可申办外国人就业手续。留沪工作、来沪创业海外人才明显增多,据统计,截至 2017 年 9 月底,已有 83 名外国留学生办理了毕业后直接在沪就业手续。

三是海外人才居住证(B 证)有效期最高延长到 10 年,并重新调整了留学归国人员落户办法。截至 2016 年 6 月底,已经为 1 343 人办理海外人才居住证(B 证)。

二、国内人才引进情况

2015 年全年,上海共办理非上海生源应届大学生落户 19 034 人。人才居转户 7 083 人(另有家属随迁 4 452 人),直接落户 5 829 人(另有家属随迁 4 565 人)。2016 年 1 月至 6 月,居住证积分达到标准分值转为沪常住户口的共有 4 044 人,其中包括企业科技技能人才和高级管理人才共 3 792 人,创业人才 156 人,创新创业中介服务人才 96 人;居转户年限由 7 年缩短为 5 年并审核通过的有 244 人(正在审核的 320 人),全部为企业科技技能人才;直接落户审核通过的有 60 人,其中包括企业高级管理和技能科技人才 51 人和企业家 9 人。

在科创人才引进方面,目前上海在科创人才引进方面共实施了 12 项国内科创人才新政,截至 2017 年底,通过科创新政引进的人才近 8 100 人,其中直接赋予居住证积分标准分值 5 700 余人,缩短居住户年限 1 900 余人,直接落户引进 400 余人。人才引进政策红利使得上海在人才聚集方面取得了较大进展。

在教育人才引进方面,上海市教委在上海高校高峰高原学科建设计划的基础上改革用人制度,截至 2017 年 9 月底,共引进 1 729 名优秀专家人才,其中全职引进 1 135 人(包括全职引进院士

5人、境外专家103人)。

2.2.4 上海市高层次人才现状

根据《上海市中长期人才发展规划纲要(2010—2020年)》显示,计划要到2020年,为了促进本市重点行业和重点领域的发展,重点引进2 000名海外高层次人才,要形成"千人计划"地方队,而且要争取一批引进人才能够入选中央"千人计划"。

《上海市人才发展"十三五"规划》数据显示,截至2015年底,上海有中国科学院院士、中国工程院院士175人(其中1人为两院院士);中央"千人计划"人才894人;中国科学院"百人计划"支持的杰出科学家347人,教育部"长江学者奖励计划"支持的特聘教授254人,国家自然科学基金委员会杰出青年基金资助436人,新世纪百千万人才工程国家级人选371人;文化名家暨"四个一批"人才43人;国务院特殊津贴获得者近1万人;上海领军人才1 186人,上海"千人计划"人才676人,首席技师1 021人。

2.2.5 上海市主要人才种类现状分析

一、上海市金融人才现状

(一)金融业从业人员总规模

2016年末,上海市全市金融业从业人员总人数达到36.42万人。与2012年相比,五年间增长了6.37万人。而且2012—2016年间上海市金融从业人员增长速度变化较大,2012年出现了较大的增幅,2013年增长速度出现了下降,仅为2.70%,2014年和2015年增长速度又有了比较大幅度的提升,到了2016年增速又有所放缓。但是上海市金融从业人员占全社会各行业从业人员的比例一直在2%—3%之间(见表2-5)。根据惯例,国际金融中心城市从事金融业的人员一般要占到全社会各行业从业人员的10%以上。如伦敦和纽约的占比均为11.5%,中国香港为14%,与其他发达的全球城市相比,上海市金融业从业人员整体占比还存在着较大的差距。

表2-5 2012—2016年上海市金融业从业人员情况

类　型	2012年	2013年	2014年	2015年	2016年
金融业从业人员(万人)	30.05	30.86	32.89	35.07	36.42
增长比例(%)	5.77	2.7	6.58	6.63	3.85
占全社会各行业从业人员的比例(%)	2.69	2.71	2.41	2.58	2.67

资料来源:《2013—2017年上海统计年鉴》

(二)高层次金融人才情况

根据《上海金融领域"十三五"人才发展规划》数据显示,截至2015年末,共有26名海外金融人才列入国家"千人计划"和上海"千人计划";共有119名领军金融人才列入上海领军人才计划、上海领军金才计划;共有16名青年金融人才列入上海青年英才计划和上海青年金才计划。根据上海市金融党委、市金融办数据统计,截至2018年5月,上海市共选拔出上海海外金才37名、上海领军金才79名、上海青年金才110名,其中高层次金融人才入选上海千人计划4名、上海领军人才17名、上海青年英才17名。

(三)金融业从业人员的学历结构

截至2015年底,金融业从业人员中具有本科及以上学历的人才达到27万人,占金融业从业人员的比例达到70%,该比例比2010年末增长约17.0%。其中具有本科学历的人数达到20.1万人,占金融业从业人员的比例达到57.3%;具有研究生学历的人数达

到6.9万人,占金融业从业人员的比例达到19.7%,该比例较2010年末增长11.3%。(见图2-12)

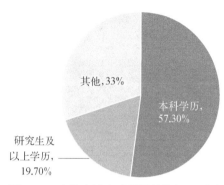

图2-12 上海金融人才学历结构(2015年)

资料来源:《上海金融领域"十三五"人才发展规划》

(四)金融业人才专业结构状况

据《上海金融领域"十三五"人才发展规划》显示,金融人才主要分布在各类金融市场、金融机构、金融服务和金融监管部门,涵盖银行、保险、证券、基金、资产管理、信托以及互联网金融在内的新金融等多种金融业态。

在金融从业人员中,银行、证券等传统金融类从业人员占比达到60%以上,而互联网类金融、科技金融、创业投资等领域的金融人才比较紧缺。

2015年末,上海金融业从业人员中,海归人才、港澳台及外籍人才已经超过1.8万人,与2010年末相比,增长了约2倍;持有各类国际职业水平证书1.5万张,与2010年末相比,增长了近2倍。但是,目前上海具有国际视野和国际背景的复合型金融人才还是极度缺乏,据测算,其占全部金融人才的比例不到2%,而全球城市新加坡的这一比例高达20%左右。

除此之外,与纽约、伦敦、东京等世界知名全球城市相比,上海金融人才环境依然有待优化,对金融人才的激励机制还不够健全。仅从目前的税负来看,上海金融从业人员整体税收负担率较高。比如,上海市工资、薪金所得税的最高边际税率为45%,这一比例远高于中国香港(20%)和新加坡(17%),略高于东京(40%),与经济更为发达的伦敦(45%)和纽约(48%)持平。这些制度或环境因素可能在一定程度上降低上海对于优秀海内外金融人才的吸引力,不利于国际金融人才集聚,影响上海金融业的快速发展。

综上可以看出,与发达的全球城市相比,上海市现有的金融从业人员在人才规模、结构、质量、环境等各个方面差距还很大,尤其是国际化、复合型的国际高层次金融人才还非常匮乏,上海市金融从业人员的数量和质量都远远达不到世界国际金融中心的标准,这将严重制约未来上海市全球城市国际金融中心的建设。

二、上海市科技人才现状

2016年上海市科技活动人员498 801人,占全社会从业人员的比例为3.65%,比2012年增长了近11万,同时2012—2016年上海市的科技活动人员的总量变化幅度较大,其占全社会从业人员的比例呈现波动的增长趋势,但是还是可以看出,上海市科技活动人员总体处于中速增长,部分年份(2013、2016年)增长较快,部分年份增长缓慢(2015年负增长)。上海市科技活动人员的分布主要集中在规模以上工业企业,占科技活动人员总量的42.0%以上,2012年占比更是达到了50.0%以上,但是到了2016年该比例有所下降,降为42.35%。

2012—2016年上海市科技活动中,R&D投入占上海市GDP比例逐年升高,2013年达到了3.72%,高技术产业产值占工业总产值比例比较稳定,高新技术产品出口额占商品出口总额比例同样也比较稳定,在43%左右(见表2-6、2-7)。

表2-6　2012—2016年上海市科技活动人员基本情况

类　　型	2012年	2013年	2014年	2015年	2016年
科技活动人员总量(人)	389 060	431 593	450 968	448 099	498 801
增长速度(%)	3.67	10.93	4.49	(0.64)	11.31
科技活动人员总量占全社会从业人员比例(%)	3.49	3.79	3.30	3.29	3.65
科技机构(人)	37 273	39 132	40 251	40 731	42 847
科技机构科技活动人员占总科技活动人员比例(%)	9.58	9.07	8.93	9.09	8.59
规模以上工业企业(人)	197 945	206 825	222 922	212 559	210 759
科技机构科技活动人员占总科技活动人员比例(%)	50.88	47.92	49.43	47.44	42.25
高等院校(人)	63 410	64 086	65 406	71 658	74 149
科技机构科技活动人员占总科技活动人员比例(%)	16.3	14.85	14.50	15.99	14.87

资料来源:《2012—2017年上海市科技统计年鉴》

表2-7　2012—2016年上海市科技活动的主要指标

类　　型	2012年	2013年	2014年	2015年	2016年
R&D投入占上海市GDP比例(%)	3.31	3.49	3.58	3.65	3.72
高技术产业产值占工业总产值比例(%)	20.6	19.56	19.51	20.50	20.01
高新技术产品出口额占商品出口总额比例(%)	43.84	43.43	42.35	43.74	43.09

资料来源:《2012—2017年上海市科技统计年鉴》

2.2.6 上海市人才资源开发与流动情况的国际比较

纽约、伦敦和东京是目前世界公认的处于世界城市等级顶端的三大全球城市,是全球范围内人才流动和集聚的枢纽。上海作为重要的世界城市,要实现2020年建设成"五个中心"和现代化国际大都市的战略目标,要在2035年建设成为卓越的、有世界影响力的全球城市,通过对比分析其与纽约、伦敦和东京等在人力资本排名、人才总量、人才结构、人才开发、人才吸引力与留住人才的能力、人才环境、人才流动等方面的差距,可以更好地了解目前上海在人才开发和流动方面与世界顶级全球城市的差距,助力实现上海市建设卓越的全球城市的战略目标。北京是我国的首都,是全国政治、经济和文化中心,通过对比分析上海与北京在建设世界级城市中的优势和特点,更好地定位上海在全国发展中的战略位置。

一、上海人力资本指数排名国际比较

科尔尼全球城市指数由5个方面组成:商业活动(business activity)、人力资本(human capital)、信息交流(information exchange)、政治参与(political engagement)、文化体验(cultural experiences),每2年公布1次。2012年以前,根据科尔尼全球城市指数的排名,上海在全球城市指数中的人力资本的排名一般都在20名以后。2014年以后,上海的该指标排名有所上升,2016年全球城市人力资本指数排名为第17名,伦敦、纽约、和东京分别为第1名、第2名和第4名,2017年科尔尼全球城市指数显示上海市综合排名第19名,比2012年的第21名提高了2位,伦敦、纽约和东京分别为第2名、第1名和第4名。上海的人力资本指数虽然又有了提高,但是依然远远低于纽约、伦敦、东京,从图2-13可以

看出，在全球城市综合排名的前 25 名中，上海市的人力资本指数与排名较前的城市相比较低，排在第 15 位。在人力资本方面与北京相比，上海作为一座开放的城市，拥有很多外国人出生人口和居民高等教育人才比例，还有大量的国际学校，因此其在人力资本得分上表现的超过北京。

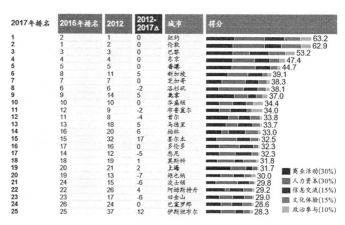

图 2-13 2017 年科尔尼全球城市指数

资料来源：凤凰财经

二、上海市人才总量国际比较

2015 年底，上海市人才资源总量已超过 476.39 万人，相比 2012 年底的不足 400 万人有了显著增长，占 2015 年全社会各行业从业人员的比例为 35％，占 2015 年上海市常住人口的 19.7％，而一份调查显示，2009 年纽约人才总量占常住人口比例就达到 24.4％，东京达到 34.4％，可以看出目前上海市人才总量占常住人口的比例还较低，因此上海市在建设全球城市的过程中一定要提高上海市人才的总量。

《2016 上海经济发展报告》指出，2015 年上海的科技创新总人数比北京少 10.7 万人,科技创新人才数量在国内其他各个城市中也不突出。报告指出,上海的科技创新人才数量虽高于天津,但是低于浙江、江苏、广东和山东。

三、上海主要产业人才分布国际比较

当今世界城市的典型产业重点分布在高科技、金融和文化创意等产业,纽约、伦敦、东京都有 50%—55% 的从业人员集中在这 3 个产业中,但上海市在高科技产业、金融产业和文化创意产业的人才集中度较低,2016 年上海市科技活动人员 498 801 人,占全社会从业人员的比例为 3.65%;2016 年上海市金融产业人员 36.42 万人,占全社会从业人员的比例为 2.67%;截至 2016 年底,上海集聚了文化创意产业人才共计 180 余万,约占全社会从业人员的 13%。因此可以看出上海市高科技产业、金融产业和文化创意产业的从业人员集中度还较低,这将会阻碍上海市在全球城市建设过程中金融业、高新技术产业以及文化创意产业的发展。

四、上海高等教育水平国际比较

高等教育的发展对上海市建设社会主义现代化国际大都市和全球城市的支撑度有待提升。近年来,上海市高等教育人口规模稳步扩展,教育层次、结构不断优化。根据《上海高等教育布局结构与发展规划(2015—2030 年)》显示,截至 2014 年,上海市高等教育人才培养规模达到 93.12 万人,其中,普通本专科和研究生在校生为 64.03 万人,占比 68.8%;成人和网络在校生为 29.09 万人,占比 31.2%。预计到 2020 年,上海高等教育培养人数将达到 105 万人左右,其中普通本专科生、研究生以及留学生总规模达 70 万人左右,继续教育本专科生达 35 万人左右。到 2030 年,上海高等教育要全面进入普及化阶段,高等教育人才培养总规模要达到

140万人左右,其中普通高等教育人数达90万人左右,继续教育本专科人数达50万人左右。届时研究生在校生预计达25万人左右,占比为27%左右;本科生在校生预计达53万人左右,占比为59%左右;专科生在校生预计达13万人左右,占比为14%左右。

但是目前上海高等教育总体规模相对不足,人均受教育程度整体水平相对较低,人力资源开发水平有待提高。据《2016/2017上海发展报告》统计和2010年第六次全国人口普查数据计算,上海常住人口中大专以上文化程度的人口比重仅22%,仅相当于美国1970年的水平;来沪从业人员中初中以下学历占67.5%,上海每10万人口高校在校生数明显低于纽约、伦敦、东京,也低于北京。此外,"主要劳动人口中大专及以上学历人口比例"等国际通行的对一个城市高等教育和人力资源发展进行衡量的指数偏低,与上海要建设全球城市的目标还有很大差距(表2-8)。

表 2-8　高等教育水平的国际比较

城市	主要大学得分	高等教育入学率	高等教育人口占主要劳动人口比例	高等教育人口占总人口比例
上 海	70	29.2	56.9	22
东 京	100	44	62.5	82.2
伦 敦	100	38.2	80.6	95.4
纽 约	100	60.5	100	64.9

资料来源:Adecco Group、INSEAD & TaTa:《全球人才竞争力指数报告2018》
注:高等教育人口占主要劳动人口比例以及高等教育人口占总人口比例根据《上海市统计年鉴2011》《2016/2017上海发展报告》等进行修正

从各个城市的学历比例来看,上海具有本科学历的人才比北京少2.5万人,仅为北京的69.15%;上海具有硕士学历的人才比北京少3.86万人,为北京的49.6%;上海具有博士学历的高级人才比北京少3.8万人,仅为北京的37%。由此可见,上海具有本科及以上学历的人才数量与北京的差距也在不断扩大。上海还应加强对国内高学历人才的吸引力。

另外,高等教育人才培养专业配置与上海产业结构布局的契合度还有待增强。目前,上海正按照建设"五个中心"和具有影响力全球城市的要求,大力发展科技、金融、贸易、航运等行业,加快发展战略性新兴产业。但是,上海在这些领域的高端人才数量与比例明显不足;同时,高等教育培养相关领域高端人才的能力也有待提升。

五、上海对国际人才吸引力水平与留住人才水平的国际比较

根据德科集团(Adecco Group)、欧洲国际商学院(INSEAD)等发布的《2018全球城市人才竞争力指数》(Global Cities Talent Competitiveness Index, GCTCI)报告分析,在全球90个主要城市中,瑞士北部城市苏黎世、瑞典的斯德哥尔摩以及挪威的首都奥斯陆最终成为最受全球人才追捧的三座城市。其中东京、伦敦、纽约在该排行榜中分别居第12位、第14位及第26位,上海列第70位,北京列第55位。

在人才吸引力得分方面,该报告通过对各个城市的人均GDP、生活品质以及环境质量等三个方面进行对比,分析了各个城市对国际人才的吸引力大小。数据显示,伦敦的人均GDP最高,东京的生活品质最优越,伦敦的环境质量更胜一筹。与主要的全球城市相比,上海的人均GDP非常低,甚至不及伦敦的五分之一。但是生活品质水平得分为81.6,超过了纽约。环境质量上比北京表现稍微好一些(见图2-14)。

在留住人才得分方面,该报告通过各个城市的安全城市指数(个人安全)、每千人医生拥有量、家庭月支出(四口之家)、公寓租金(城市中心3居室)等4个方面的指标,分别从城市的安全保障、医疗条件、日常消费水平以及房租等方面衡量了各个城市留住人

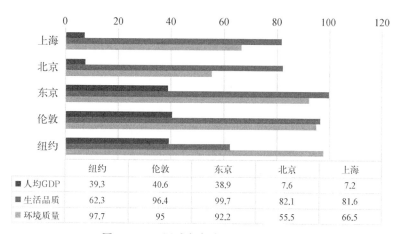

图 2-14　不同城市人才吸引力得分比较

资料来源：Adecco Group、INSEAD & TaTa：《全球人才竞争力指数报告 2018》

才的能力。数据显示，对于城市安全而言，上海、北京已经可以与著名的全球城市处于同一水平上。在每千人医生的拥有量方面，北京得分最高，而上海得分比较低。在家庭月消费支出方面，北京最有竞争力。与主要的全球城市相比，上海在家庭月消费支出和房租租金方面，竞争力最低。因此，要想吸引更多的优秀人才，政府应该考虑在这两方面继续努力，切实提升引进人才的生活品质，有效提升城市对人才的吸引力（如图 2-15）。

六、上海市人才流动状态分析

（一）国内人才流动现状分析

《2016 中国发展报告》数据显示，2015 年全国跨省流入人口最多的前五个省（市）中，上海市占跨省流动人口总数的 9.81%，位居全国第三位。与 2010 年相比，人口流入比下降了 0.64%（见表2-9）。而且全国前五位人口流入省市 2015 年合计占比与 2010 年相比下降了 2.52 个百分点，而前五位人口流出省市合计占比下降了 3.06 个百分

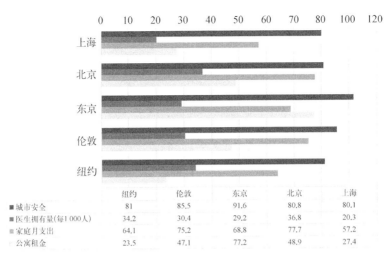

图 2-15 不同城市留住人才得分比较

资料来源：Adecco Group、INSEAD & TaTa：《全球人才竞争力指数报告 2018》

点。综合这些数据，可以看出人口向大都市区和区域重要城市（北京、上海等）集聚程度在下降，速度整体放缓，分化明显，但趋势未改。上海人口增长仍有较大潜力。虽然因为控制城市规模的调控政策影响，上海人口增量由正转负，然而，就全球城市市区人口密度的国际比较看，上海人口仍有较大的增长空间，将超过 400 万。

表 2-9 全国前五位流入人口省市所占比重　　单位%

地　区	2010 年	2015 年	2015 年比 2010 年增减
广东省	25.03	24.79	(0.24)
浙江省	13.77	12.07	(1.70)
上海市	10.45	9.81	(0.64)
江苏省	8.59	8.95	0.36
北京市	8.2	7.9	(0.30)
合　计	66.04	63.52	(2.52)

资料来源：《2016 中国发展报告》《2015 年人口发展报告》

(二) 留学人员流动现状分析

近年来,上海加大海外留学人员的引进力度。上海市人力资源和社会保障局的最新数据显示,仅 2017 年,上海共引进留学人员 9 443 人,同比增长 32%。近五年上海引进的留学归国人员总数超过上个五年的两倍。截至 2018 年 3 月,来沪工作和创业的留学人员已超过 15 万人,其中留学人员在沪共创办企业 5 000 余家,注册资金超过 7.8 亿美元。但是目前上海的"海归"人员流入呈现出不均衡的现象:

第一,高层次归国留学人才占比还不高。以博士学位为例,据《中国留学回国就业蓝皮书 2016》调查显示,2016 年我国留学回国就业人员中 11.09% 具有博士研究生学历,与上一年度 9.49% 的数据相比,该比例有所上升,但是上升幅度偏小。据上海市人力资源保障部门统计,2017 年度落户上海的留学人员,博士学历仅占总引进数的 6%。由此可见,目前,沪引进人员博士学历的占比还低于全国水平。

第二,归国留学人才年龄结构还不够科学合理,整体偏年轻化。据统计,2017 年度落户上海的归国留学人员中,20—29 岁年龄段占比 87%,30—39 岁年龄段占比 12%,累计占比 99%,其平均年龄只有 27 岁。这些数据一方面表明越来越多的年轻学生选择到国外学习,然后学成归国,目前正处于人生干事创业的黄金年龄,具有非常大的发展潜力。另一方面也表明归国留学人才的层次普遍还不高,缺乏各个领域高端带头人才。

第三,留学归国人员流入总数远低于北京,而且就业地域集中、行业集中趋势明显。据《中国留学发展报告(2016)》数据显示,归国留学人员的就业区域主要集中于一线城市,位居前三名的分别是北京(29.1%)、上海(11.5%)、广州(6.1%)。由此可见,在留学归国人员的总量上海与北京相比还有不小的差距。据统计,

2017年在沪留学归国人才主要从事第三产业的工作,其就业人数占到了总人数的92%。其专业领域主要集中于科学研究和技术服务业、制造业、批发和零售业、租赁和商务服务业、信息传输、软件和信息技术服务业以及金融业等六个行业。上海市要打造卓越的全球城市和社会主义国际大都市,要加快建设国际经济中心、金融中心、贸易中心、航运中心和科技创新中心等"五个中心"的步伐,就需要凝聚国内外人才的能力和智慧。海外归国留学人才,具有跨越、联结东西方的天然桥梁优势,需要有针对性地引导其与上海经济转型和产业结构优化相一致,推动其按照产业布局和行业要求回流,使其成为上海建设卓越的、有影响力的全球城市的助推力。

2.3 影响上海全球城市人才资源开发与人才流动的因素

《上海市城市总体规划(2016—2040)》确立了上海到2040年的发展新目标是要建设"卓越的全球城市和文化大都市",建成"国际经济、金融、贸易、航运和科技创新五个中心";确立了三个重点领域的子目标,即建设"令人向往的创新之城、人文之城、生态之城"。全球城市不仅是全球政治、经济、文化中心,更是人才国际流动与集聚的交汇点,科学合理的人才开发和有序的人才流动是上海建设成为全球城市的重要支撑。根据人才资源开发和人才流动的特点,通过对以往研究文献进行回顾,采取专家访谈和问卷调查等方式,对上海全球城市人才资源开发与人才流动的相关影响因素进行综合考量,得出影响上海全球城市人才资源开发与人才流动的主要因素有以下5个方面:经济发展水平、地区人才政策、产业发展对人才的需求、人才生态环境和社会文化因素。

2.3.1 经济发展水平

经济因素是影响人才开发和引起人才流动的主要因素之一。经济因素主要包括一个地区的经济发展水平、该地区的薪酬收入以及该地区未来的经济发展潜力等方面。从长期来看,决定一个城市人才资源开发水平、流动与集聚规模的关键是该城市的经济规模以及该城市与其他主要城市(国际和国内)的收入差距。从GDP总额看,上海市作为中国最发达的城市之一,2016年全市国内生产总值(GDP)为27 466.15亿元(4 150亿美元),该数值虽在国内领先,但远低于世界著名全球城市(纽约的GDP为9 007亿美元、东京的GDP为7 590亿美元、伦敦的GDP为5 535亿美金)。从人均GDP来看,2016年上海的人均GDP为113 719元,基本相当于纽约都市区的25%、伦敦都市区的34%、东京都市区的44%,与这些国际大都市相比存在很大的差距。这种差距不仅会直接影响上海人才开发和流动的规模,同时也会影响上海建设全球城市的目标的实现。全球城市之所以能够形成,首先就是因为其经济优势所产生的吸引力,同时经济优势会带来相应的教育、医疗、基础建设等各方面的优势,并形成吸引力合力,不仅能够提升本市人才资源开发的程度,同时使得外面的人才纷纷进入。虽然上海的经济发展水平在中国处于领先地位,而且其教育、医疗、交通等方面均领先全国。但与国际大都市相比,还有较大差距。因此在全球城市建设过程中,经济因素仍然是影响上海市人才开发和流动的关键因素。

2.3.2 地区人才政策

人才政策措施往往在很大程度上决定各项资源的分配与调动，会产生区域、产业人才吸纳效应。政策导向是引起区域人才流动，促进人才开发的一个关键因素。人才政策包括地区政府的人才引进、使用和评估等各方面的机制等。国际经验证明，政策对人才资源开发与流动能够产生重大效用。比如二战后的美国就是通过不断修正移民法，制定各项科技人才优惠政策，不断吸引来自全球的科技人才，为美国成为世界第一科技强国发挥了重要作用。

在人才集聚政策方面，人才引进和开发专项计划一般具有较强的品牌效应和放大效应，通过降低人才流动中的信息不对称、改变人才迁移成本、提供极具吸引力的工作机会和发展平台，能在较短时间内集中区域优势资源引进集聚一批重点类型人才，因此实施人才引进专项计划一般影响力较大、见效较快。北京、上海、深圳、杭州、武汉、南京等城市都先后提出了引进海外高层次人才的专项引才计划，如北京的"海外高层次人才集聚工程"、上海的"人才高峰工程行动方案"、杭州的"115"引进国（境）外智力计划、甘肃的海外高层次人才引进"甘肃计划"等，这些人才引进政策很大程度上改变了国内甚至全球人才流动格局。

在人才资源开发政策方面，人才资源开发重点工程通过设计系统性的人才开发方案，综合运用学校教育、企业培训、职业教育和继续教育、针对性的科研支持项目等人才资源开发手段，并提供专项的财政补贴等激励措施，针对明确的人才资源开发目标进行集中突破，因此是影响地区人才资源开发的重要因素。各地针对创新创业人才开发，纷纷启动了力度大、含金量高、举措实的人才开发重点工程。例如深圳针对创新创业人才开发构建了一套完备的政策体系,主要包括针对两院院士等顶尖人才的"杰出人才计划",针对领军人才的"孔雀计划"。

此外,人才管理、评价和激励体制机制也是影响区域人才流动和人才资源开发的重要因素。人才培养、引进、使用上的条条框框,会严重束缚人才"手脚"。人才引进评价中唯学历、唯职称、唯论文问题还比较突出,导致善于纸上谈兵的人受重用,实用人才受冷落。在人才激励方面,人才获得的收益不能很好地体现其实际贡献,导致其缺乏干事业的动力和热情,难以发挥其内在价值。

2015年7月,上海出台《关于深化人才工作体制机制改革促进人才创新创业的实施意见》,被称为人才"20条"。2016年10月,上海又在"20条"的基础上推行人才"30条"——《关于服务具有全球影响力的科技创新中心建设实施更加开放的国内人才引进政策的实施办法》。2018年2月26日在上海市人才工作大会上,推出《上海加快实施人才高峰工程行动方案》,形成了高峰科技人才重点发展领域和分类评价标准体系。同时,为了落实人才政策,使人才政策环境进一步优化,不断增强各种高层次人才开发与集聚程度,上海还积极推进外国人来华工作许可制度,进一步完善海外人才居住证制度等,并即将研究出台人才安居配套措施、应届大学毕业生落户政策、技能人才队伍建设、人才分类评价、杰出人才奖励等方面的针对性政策。这些已经出台和即将出台的政策将直接影响上海人才资源开发与流动的方向与强度。

2.3.3 产业发展对人才的需求

人才需求是影响人才开发与流动的主要因素之一,一般情况下,某类人才需求增加时,政府就会出台相关政策引进或者企业就会提高工资吸引这些稀缺人才,由于高工资和政府政策的刺激,稀缺人才就会向该城市流动,同时该城市也会注重对该类人才的开发和培养。根据上海建设全球城市,特别是具有全球影响力的科创中心的需要,目前上海对光子科学与技术、生命科学与生物医药、集成电路与计算科学、脑科学与人工智能、航空航天、船舶与海洋工程、量子科学、高端装备与智能制造、新能源、新材料、物联网、大数据等产业领域的人才存在大量需求,相应企业和科研院所也对人才开出了更高薪酬福利条件以增加人才的供给。2018年3月上海市出台《上海加快实施人才高峰工程行动方案》,重点引进上述领域的拔尖人才。

2.3.4 人才生态环境

人才生态环境包括居住环境、工作生活条件、交通设施、人才服务、户籍制度、子女教育、社会保障、医疗条件等。对于人来说,除了工作就是生活,因此生活环境的优良对于能否留住关键性人才十分重要,生活舒适便捷、良好的人才生态环境和政策环境一直是吸引各类人才选择工作地点的重要因素。但是目前各类人才在沪生活中还存在许多突出问题,影响了上海市人才开发与流动的效果。比如,根据2015年上海归国科技创新人才调查显示,"工作环境条件和发展机会""子女教育问题"是海外归国人员关注度最高的问题。上海要想有效吸引各类人才,涉及生活的服务和管理机制需要进一步完善,政府相关部门主动服务意识仍有待加强。

2.3.5 社会文化因素

虽然理论与实践都表明人才总是流向那些能够提供高收入或经济、科技较为发达的国家,但经济上的支持并不是唯一因素。文化价值论认为人才对区域的文化认同对影响人才资源的引进与流失作用明显,开放、包容、创新、进取的文化氛围有利于各类人才对组织和区域形成认同和归属感,直接关系到各类人才在社会中的融入程度和在组织中的团结信任水平,会直接影响人才的集聚效果。新加坡总理李显龙谈到新加坡成功吸引人才的关键因素时也指出:"必须是开放、宽容的社会。让这些人才觉得在这个地方自在舒服,愿意居住和把家人带来。所以,必须是一个开放、平安、有法治、有系统的国家。"因此一个国家或者地区的社会文化是影响该地区能否吸引到人才的关键,舒适的环境、对知识的认同感、社会包容性、创新性的文化氛围等软环境,特别是对于吸引高层次人才十分关键,高层次人才更注重个人价值的实现和社会的尊重以及认同感。比如,美国是世界上经济发达、科研投入最高的国家,也有多元开放、富有移民色彩的人文环境,但是美国的移民依然约有20%在10年之内又会离开,约有1/3的移民最终会选择离开美国,其原因主要可归结为缺乏民族、文化等认同感和归属感。因此,建立开放包容、开拓创新、容忍失败的区域社会文化氛围,是上海建设全球城市、促进人才开发与流动,实现人才集聚效应的重要因素。

2.4 上海市人才资源开发与人才流动的主要问题

上海市未来30年要建成具有影响力的全球城市,目前其人才资源开发和人才流动还存在以下十个方面的问题:人才资源总量不足、人才结构与配置不合理、重点领域人才开发力度不足、人才资源尤其是高层次人才缺乏国际竞争力、人才生态环境有待优化、人才培养政策不够完善、人才引进和流动机制不够科学、人才政策落实存在隐性门槛、人才资源开发与流动相关立法滞后、人才的区域影响力与辐射力较弱等。下面对以上主要问题进行阐述。

2.4.1 人才结构不合理，人才资源还未达到最优化配置

根据分析，目前上海市的人才结构与产业结构发展不协调，上海提出要建立国际经济中心国际金融中心、国际航运中心、国际贸易中心、科技创新中心等五个中心，但是目前上海市的金融从业人员仅仅占上海市全社会从业人员的 2%—3%，远低于纽约、伦敦、东京的 10% 以上，同时上海市在航空航天、生物科技、创业投资、科技金融、互联网金融、文化创意等方面还存在着人才短缺的现象，上海市现有的人才资源结构不能满足现有产业结构的需要。

同时，上海人才总量、结构预测与规划还未能准确反映市场需求的信号，人才结构的调整还无法对产业结构调整做出快速反应，致使现支柱产业和重点产业人才储备不足，人才资源结构性短缺，人才资源的配置尚存在不协调的现象。

2.4.2 围绕国家重大发展战略的重点领域人才资源开发力度不足

目前，上海市围绕《中国制造 2025》，在人工智能、生物医药、3D 打印等战略性新兴产业、高端前沿领域产业发展所需的核心技术研发人才上，围绕"一带一路"倡议，针对沿线国家的语言人才、国际商务人才、法律人才等诸多类别的人才，都缺少需求与供给清单的把握，缺少专门性产业的人才发展规划。在相应的高技能人才建设、创新创业服务人才等方面，从教育到就业，从技能培训到

终身学习等全面系统的人力资本培养开发举措也与全球科技创新中心建设要求仍有较大距离。

另外上海市对人才方面的投入和兄弟省市相比在总体上存在着不少差距,尤其是在高层次人才方面的投入存在着较大的不足。经有关部门梳理,上海市领军人才、千人计划、人才发展资金等25项人才计划,其2015年、2016年涉及市本级财政资金预算总额分别是10.5亿和9.6亿,仅仅占市本级财政收入的0.37%和0.30%,远低于深圳、江苏、浙江的人才投入水平,与各全球城市相比差距更大。

2.4.3 人才引进与流动的机制还不够科学合理,尤其是科研创新人才的流动、激励和管理制度束缚了人才的创新活力

在科研创新人才流动方面,以上海高校为例,上海高校研究岗位编制根据实际需求灵活调整的机制还没有落实,特别是正高级岗位的数量限制,已经成为拖累学科发展、顶尖人才及其团队引进、研究生招生、职业发展的重要制度缺陷。还没有探索出一条有效引导高校、科研院所博士、教授向企业一线有序流动的机制,流动成本高,离常态化还有很大距离,流动体量还很小,企业任职经历作为高校工程类教授晋升专业技术职务的重要条件的试点没有取得实质性的成效。

在科研创新人才的激励方面,目前虽然出台了绩效工资制度,但是在落实中由于绩效工资年度调整次数和幅度受到严格限制,已经无法满足经济发展和人才发展的实际需求,导致科研人才创新热情不足。在成果转移转化方面,由于缺乏技术研发、专利资产管理、转化收益分配、规范交易及转化程序等综合配套,成果转移转化效果还不明显。

在科研人才有关的管理措施方面，课题经费管理制度僵化，课题负责人管理权限仍然很小、管理程序仍过于复杂，经费审计方式有待进一步健全深化。在科研人员出国管理方面，因公出国需提前半年报备，导致科研人员无法参与临时性国际学术交流，限制了人才国际化水平的提升。

2.4.4　人才引进的政策措施在落实上存在隐性门槛

虽然近年来上海人才引进政策措施的制定与出台有了很大的突破，但是在措施的落实上却还存在一些"隐性门槛"。比如，国内创客和企业家人才引进标准僵化，落后于产业发展的速度。上海科技企业孵化协会备案名单范围局限于本市且更新速度慢，一些被世界知名机构看中、但未列入备案名单的创业人才无法办理国内引进。受制于"企业连续3年每年营业收入利润率10%以上"的要求，一些独角兽企业的人才无法及时入沪。获得永久居留权的外国人才在科研项目申请、技术转移相关优惠政策的落实、创新补贴获取等方面受到众多限制，外资企业参与中方科研计划申报存在内部审批时间较长、报批手续较多等问题，海外人才在执业资格互认、境内开展执业活动、以内资身份进行工商登记注册、获得股权激励等方面还受到政策的诸多限制。在社会保障方面，外籍研发人员只能享受基本社会保障，不能缴纳补充社会保险。

2.4.5　人才流动和人才资源开发面临"立法滞后，无法可依"的局面

上海目前涉及人才工作的地方性法规仅有1996年通过、2003年修订的《上海市人才流动条例》，人才立法速度明显滞后于全球

城市人才流动和人才资源开发的需要，在人才引进和人才资源开发中由于相关政策没有以法律的形式确定下来，人才权益不能够得到有效的保障，也无法形成稳定的政策预期。人才工作中出现的争议和纠纷的处理也没有一个统一的标准。

2.4.6　人才的区域影响力与辐射能力还比较弱

上海作为"一带一路"建设的桥头堡和长三角区域一体化中的领导城市，在通过人才资源开发和流动，服务区域和全球发展等方面，缺少顶层设计和相关的制度安排，常态化海外引才和人才交流、人才政策宣传推广、人才联系活动的力度与频次不够，利用市场化的人才流动中介机构以及政府公共服务购买等形式搭建的全球人才网络覆盖面还很窄，网络建设工作不足。缺少对企业、孵化器"走出去"动机的支持和引导，也缺少对其提供必要的公共服务。

第三章
未来 30 年上海建设全球城市的战略选择

　　学界和理论界一般认为,伦敦、纽约、东京是比较有代表性的全球城市,巴黎、法兰克福、悉尼、新加坡、香港、首尔等是重要的全球城市,北京、上海、广州是崛起中的全球城市(黄苏萍、朱咏,2011)。目前,全球有 10 多个城市发布了 2030 年长期发展战略规划,对全球城市的愿景和长期发展进行了战略规划和部署,全球城市作为一个国家或者地区对外交流的窗口,作为一个国家的政治、经济、文化和科技中心,其发展战略在一定程度上代表了城市未来发展的趋势和方向。伦敦、纽约、东京作为具有代表性的全球城市,并且发展时间较长,在城市发展的过程中积累了丰富的经验,对上海市建设全球城市具有良好的借鉴意义,因此本文主要分析伦敦、纽约、东京三个具有代表性的全球城市的发展规划及经验,为上海市建设全球城市的战略选择提供借鉴。

3.1 世界主要全球城市的发展规划

3.1.1 伦敦全球城市发展规划

伦敦作为英国最大的城市,城市功能十分多样化,是英国的政治中心,是英国王室、政府、议会以及各政党总部的所在地,是世界领先的国际金融中心和文化中心。英国前交通大臣安德鲁·多尼斯这样描述伦敦:"如果用美国的城市诠释伦敦,它是纽约,是华盛顿,是洛杉矶,兼具经济、行政、文化三方面的功能。"伦敦的核心地区是伦敦城,是英格兰最早的地方政府,面积约一平方英里,是整个伦敦的经济心脏,世界著名的国际金融中心。大伦敦地区较大,由32个次级行政区组成,面积约1500平方公里。

伦敦的人口增长速度极快,预计到2031年,伦敦人口总数将超过1000万,面对伦敦人多地少,以及人口的快速增长问题,伦敦出台了《更宜居的城市——伦敦2030规划》,提出了宜居性全球城市的四个方面,包括城市的可就业性、可居住性、可旅游性、可出行性。在该规划中强调伦敦金融业、航运业、旅游业、商贸业、文化产业、创意产业、咨询服务业等的国际竞争力提升,同时还要提升英国产业领域资源配置能力和国际话语权。同时将实现居住地、工作单位、学校、商店和公共交通之间的易达性,建设可持续与紧凑型城市也作为伦敦未来的发展目标。

3.1.2 纽约全球城市发展规划

纽约作为一个代表性的全球城市,提出了《更绿色,更美好的纽约——纽约2030规划》,该城市规划提出了纽约未来将面临的三大问题,即"经济增长、基础设施老化和环境恶化",因此该规划主要针对土地、供水、交通、能源、空气质量和气候变化等6个方面提出了具体的方案,每个方面又分为若干大项和小项展开,最终落实为127项具体措施,同时提出到2030年要建设成为"更伟大更绿色的城市"。纽约新一轮城市规划将"可持续化发展"上升到前所未有的战略高度,注重绿色环保、开发绿色能源、低碳经济,发展环保产业、绿色食品等,因此纽约要实现经济发展、环境保护和公平正义的三角平衡发展。2015年4月,纽约市政府又公布了面向2050年的远景规划——《纽约——规划一个强大而公正的城市》,规划以"公平"为核心议题,愿景是规划一个强大而公正的纽约。在这个规划的指引下,家庭、企业和街区均能实现繁荣发展,将打造一个包容的、公平的经济体,提供高收入的工作和社会保障;将打造世界上最可持续发展的大城市,在应对气候变化方面作为全球领导者,纽约的街区、经济和公共服务准备好经受各种挑战并且变得更强大,以应对气候变化的影响以及其他21世纪的威胁。

3.1.3 东京全球城市发展规划

东京都市圈是全球规模最大的都市圈之一,其人口规模的增长速度较快,并且日益呈现出快速集聚的发展趋势,其中东京作为东京都市圈中重要的全球城市,政府出台各项措施疏散东京的人口和产业,并提出了《首都圈巨型城市群——2030东京规划》,重点扶持和培育支撑大都市发展的产业,如"城市机能活用型"产业、"社会问题解决型"产业、信息传播产业和信息家电电子设备等产业,支撑东京未来的创新型产业并带动日本整体经济发展。2015年2月,面向2030年的《东京都长期愿景》出台,明确提出将东京都打造成"能为居民提供最大幸福"的城市,目标规划在社会福利、经济活力、城市基础设施、艺术文化振兴等方面超越伦敦、纽约、巴黎等城市。并且将东京发展为智慧能源城市,实现与自然和谐相处,增强城市基础设施的安全性与可靠性,针对老龄化社会现实进行有效的城市结构调整。同时,东京都市圈已经逐渐成为各种高度专业化人才的活动场所,其规划十分重视人才集聚,以及人才集聚效应的利用。

3.1.4 对上海市发展战略的借鉴

上海市经过多年的发展,产业结构、人才结构、社会环境等逐渐完善,但是与纽约、伦敦和东京这些具有代表性的全球城市相比,很多方面还需要进一步的完善。因此,纽约、伦敦和东京全球城市战略规划的经验,可以对上海市的发展与规划提供必要的借鉴,具体如下。

1. 加强全球人才集聚,提高全球人才竞争力

全球城市作为城市发展的高级阶段,是全球资源配置的重要网络节点和联系枢纽。在上海市建立全球城市的过程中人才是关键,从代表性的全球城市过去的发展和对未来的规划来看,纽约、东京、伦敦等全球城市都把集聚人才、培养人才以及为人才提供良好的生活工作环境作为城市发展的重要目标,因此上海市在建设全球城市的过程中一定要集聚一批高质量的

全球人才,例如艺术家、科学家、创业者等。以全球人才为核心,构建全球人才集聚高地,并通过提升全球人才的竞争力来推动上海市产业结构升级、科技创新等,进而推动上海全球城市的建设和发展。

2. 鼓励创新发展,成为具有全球影响力的科技创新中心

全球城市作为科技创新中心,是知识科技的汇集地和交汇点。上海市在建设全球城市的过程中,要吸引全球优秀的科技创新人才和团队,开创具有革命性的科技创新领域,产出能够引领全球科技发展的创新成果,使上海市成为科技人才极其丰富,引人注目的科研成果层出不穷的具有全球影响力的科技创新中心。

3. 强化传统产业优势,鼓励战略性新兴产业发展

上海市要借鉴代表性全球城市的产业发展规划,同时结合自身特点,一方面要积极强化金融业、航运业、商贸业、文化创意产业等的国际竞争力,提升上海市在这些优势产业领域的资源配置能力和话语权,另一方面把加快培育和发展战略性新兴产业放在推进产业结构升级和经济发展方式转变的突出位置,加强人工智能、大数据、新能源、新材料、生物医药等战略性新兴产业的发展,提高自主创新能力。

4. 注重绿色环保,发展低碳经济

纽约、东京和伦敦的发展规划都注重环境的宜居性,只有拥有良好的生态环境,才能吸引全球各地的人才汇聚上海,在上海就业、生活,促进上海的经济发展。因此,上海未来的发展要注重绿色环境,发展低碳经济,积极培育低碳产业,打造低碳产业体系,推进清洁能源、节能材料、减排技术的广泛应用,同时还要减少碳排放,提倡低碳出行、低碳生活。

3.2 上海全球城市的全球地位

3.2.1 上海市未来发展规划

2017年国务院批复了《上海市城市总体规划(2017—2035年)》的总目标:将上海建设为卓越的全球城市。目标愿景:立足2020年,建成具有全球影响力的科技创新中心基本框架,基本建成国际经济、金融、贸易、航运、科技创新中心和社会主义现代化国际大都市。展望2035年,基本建成卓越的全球城市,令人向往的创新之城、人文之城、生态之城,具有世界影响力的社会主义现代化国际大都市。梦圆2050年,全面建成卓越的全球城市,令人向往的创新之城、人文之城、生态之城,具有世界影响力的社会主义现代化国际大都市。我们可以看出,上海在面临着资源环境约束、人口增长过快的背景下,提出要建设成为创新之城、人文之城、生态之城,并将更加关注创新、环境,希望为居民提供宜居、宜业的高质量生活环境。

3.2.2 上海市在全球城市中的地位

上海是全球著名的金融中心,全球人口规模和面积最大的城市之一。上海还在迈向全球城市的路上,并且上海市明确表示未来30年要把上海建设成为全球城市。全球化与世界级城市研究小组与网络组织(GaWC)是全球知名的全球化与世界城市研究组织,该机构从1999年开始,尝试为世界级城市定义和分类,根据GaWC全球城市排名,上海市从2000年的一线弱(Alpha-),全球第 30 位，上升到了 2016 年的一线强（Alpha+），全球第 9 位；2018 年仍然保持在一线强（Alpha+），全球第 9 位。根据 GaWC 研究组织的测度数据变化趋势，上海市在全球城市体系中的地位逐渐上升，2000—2018 年间上升了 21 位。日本城市开发商森大厦株式会社创立的研究机构森纪念财团城市战略研究所 2017 年 10 月 12 日发布 2017 年《全球城市实力指数》（GPCI）报告，城市的评分以六类指标为基础：经济、研发、文化互动、宜居性、环境和方便度，上海在"经济"指标上的排名继续表现抢眼，凭借其人口规模和 GDP 水平及世界 500 强企业运营落户数量位列经济领域第五位，上海在"方便度"指标上的排名同样位列第三，因有大量国内和国际航班从上海出发或抵达。另外美国国际管理咨询公司科尔尼发布的《2018 全球城市报告》依据商业环境（资本流动、市场动态）、人力资源（教育水平）、信息交流（网络和媒体可及度）、文化发展以及市民政治活动参与度（活动、大使馆和分析中心的数量）等相关标准对全球 135 个城市进行评选，排名前三的城市依次为纽约、伦敦和巴黎，上海排名位列全球第 19 位。从上述城市国际排名数据均可以看出，伴随着上海综合实力的提升，上海在全球城市中的地位在逐渐上升。

3.3　未来 30 年上海全球城市发展战略

3.3.1　全球城市发展的新趋势

从全球化发展的新阶段来看，全球经济发展在寻求"再平衡"中开启多元格局调整变革，全球化进入网络化发展新阶段，未来的全球城市将更加注重全球网络体系的链接能力、全球关键资源要素的配置能力和对全球产业链、供应链、创新链高端环节的掌控能力。

从全球城市组成要素的发展趋势来看，资本、技术、信息和人才是全球城市发展的关键因素，人才流、信息流、资本流和技术流在全球城市网络的各个节点快速集聚和扩散，城市的综合功能进一步加强。其中全球城市发展的基础要素是人才，未来全球城市主要争夺的资源也是人才，在全球化快速发展、全球城市资源快速流动的时代，要想建设成为卓越的全球城市，抓住人才是关键，抓住人才就能够有效集聚创新的关键要素，加快人才集聚就会进一步拥有资本流、信息流、技术流等全球城市发展的核心载体。

从全球城市网络新趋势看，全球城市层级体系将更加趋于扁平化、多元化、网络化，纽约、伦敦、东京等顶级全球城市将继续保持在全球资源要素配置格局中的主导地位，一些新兴全球城市获得崛起机遇；综合型全球城市在多个领域呈现较强的竞争力、控制力；专业型全球城市则在专业领域形成具有国际竞争力和影响力的网络节点功能。

从全球格局调整新变化看，世界经济将进入相对较低速的增长时期，世界经济发展重心将继续东移，新技术革命、新产业革命将成为支撑世界经济未来增长的重要动力，全球投资贸易格局、产业分工格局、金融格局、能源资源格局将在全球化进程中加快深度调整。从我国崛起与发展阶段的新跨越看，我国经济实力全面增强，按现有发展势头将有望成为世界第一大经济体，同时经济增长也将从高速增长向中低速增长转变，经济转型和经济发展新动能形成加速，以城市群为主要动力源的区域发展格局加快形成，以"一带一路"倡议为突破构建的对外开放新格局将塑造新的国际竞争比较优势。

从上海发展的新起点、新阶段来看,《上海市城市总体规划(2017—2035年)》明确规划了上海新的城市定位,即:上海是我国的直辖市之一,长江三角洲世界级城市群的核心城市,国际经济、金融、贸易、航运、科技创新中心和文化大都市,国家历史文化名城,并将建设成为卓越的全球城市、具有世界影响力的社会主义现代化国际大都市。2035年基本建成卓越的全球城市,2050年全面建成卓越的全球城市,已经成为上海市未来发展的愿景和主要战略目标。

3.3.2 未来30年上海全球城市发展战略

上海市经过多年的快速发展基本形成了"三二一"产业结构体系,先进制造业和现代服务业快速发展,产业能级不断提高,但与纽约、伦敦和东京等全球城市相比,上海产业体系的国际竞争力和话语权仍然较弱,对全球资源的配置能力有待提高,对全球人才的吸引力和城市的宜居性还有待提升。未来30年,上海市要建设卓越的全球城市,一方面要加快发展现代服务业和先进制造业,建设国际金融中心和国际航运中心,全面提升产业能级和产业国际竞争力;同时,上海市还要充分利用其全球城市的枢纽地位,积极吸引和利用全球资源,依托长三角都市圈,与长三角都市圈内部各城市紧密连接,协同发展,大力提升上海市的国际竞争力;另外,上海还要加强城市环境建设,把上海市建设成宜居型城市,提高上海市的公共服务质量、环境质量,为吸引更多的优质人才提供良好的就业环境和生活环境。

《迈向2040年的上海——新一轮城市总体规划战略研究总报告》显示,上海未来30年的总体发展战略是打造具有全球资源配置能力、全球综合服务功能、核心国际竞争力和全球影响力的全球城市。《上海市城市总体规划(2017—2035年)》也明确指出上海市在2035年要基本建成卓越的全球城市,2050年全面建成卓越的全球城市。上海要建成真正意义上的全球城市,要实现以下三个方面的战略目标:

第一,成为全球资源配置的重要网络节点和枢纽。具体来说就是上海市要在全球城市的网络体系中具有重要地位,具有整合和配置全球资源要素的能力,成为全球资源集聚、辐射、流动的重要节点和枢纽,聚集大量的跨国公司总部、国际性组织以及优秀人才等,要具有能够为全球提供人才服务、金融服务、贸易服务等综合性专业服务的能力,能够有效链接国外和国内市场。

第二,在全球范围内具有话语权和影响力。上海要成为全球或区域重要的政治、经济、文化和科技中心,在全球经济、政治、文化和科技创新等方面具有较强的影响力。上海要成为代表中国参与国际竞争的中坚力量,要具有产品定价权、信息发布权、文化主导权、技术标准制定权、市场引领权和规则制定权等重要管控权和协调能力。

第三,成为世界级城市群的核心引领城市,其中包括交通枢纽网络引领、产业转型升级引领、高端服务功能引领、资源要素配置引领、高度开放竞争引领和生态环境治理引领。

3.3.3 未来30年上海全球城市建设的路径

综合考虑全球城市的核心功能和未来30年上海的发展战略规划,上海有必要形成构建全球城市的以下六大路径。

第一,从多元货币金融中心到人民币国际化中心,成为与中国综合经济实力和与人民币国际地位相适应的全球金融中心。

根据《人民币国际化报告2017》显示,人民币国际使用范围将进一步扩大,使用渠道将进一步拓宽;将扎实推进人民币国际化,保持人民币在全球货币体系中的稳定位置;人民币投资货币功能将不断深化,储备货币功能将逐渐体现;2017年上半年,欧洲央行共增加等值5亿欧元的人民币外汇储备;新加坡、俄罗斯等60多个国家和地区将人民币纳入外汇储备;越来越多的市场主体接受人民币作为计价结算货币;同时,配合"一带一路"倡议,人民币在"一带一路"国家的使用也将稳步扩大。在未来的30年的发展中,中国的GDP规模将会越来越接近美国水平,但GDP中的创新成分及其他质量成分仍将落后于美国。中国将转变为全球最大的内需市场,并将成为维系全球内需的主要地区。中国和其他亚太国家、印度以及主要的拉美国家在国际资本流通中的地位将会逐渐攀升。

第二,从WTO框架中的金融中心到新型贸易联盟中心,成为与中国经济贸易地位及经济转型升级相适应的全球贸易中心。

在全球经济发展缓慢的情况下,亚洲有望成为新的经济增长点,特别是东南亚基础设施建设和中国互联互通的"一带一路"倡议将成为连接世界的新型贸易桥梁。新型贸易在全球经济、政治、文化等方面具有较强的影响力,供应链管理等方面的发展与上海建设国际贸易中心,发展服务经济的战略目标高度契合,提高了上海参与经济全球化的层次和能级。而上海作为中国的金融和经济中心,势必在新型贸易联盟中成为中国连接世界的桥梁。在未来建立新型贸易联盟中心的过程中,上海需要结合自身的行业资源优势,从制度环境、管理体制、产业配套、服务体系与载体建设等各方面扶持和引导上海贸易业态的发展。具体从以下方面着手:(1)突破限制新型贸易业态发展的税收瓶颈、市场准入、监管、法律法规等制度建设;(2)健全管理体制,按照新型贸易业态发展的趋势,打破部门分割,形成适应时代要求的管理框架;(3)做好与金融、物流等产业的对接,促进产业融合发展;(4)以建设"自贸试验区"为契机,吸引、鼓励新型贸易业态集聚发展。

第三,从有形的经济金融中心转向具有科技实体支撑、虚拟适度的创新创意中心,成为具有全球影响力的科技创新中心。

全球科技创新中心是应对新技术革命和新产业革命的新需求,是中国融入全球创新网络、提升国际创新竞争力的重要平台,是提高上海全球资源配置能力的重要载体。目前,上海已经成为跨国公司全球研发网络中的关键节点和重要枢纽。2015年上海市人民政府出台了《上海市鼓励外资研发中心发展的若干意见》,鼓励外国投资者在本市设立研发中心和开放式研发平台,提高创新要素跨境流动的便利性,支持外资研发中心承担全球研发职能、加强与国内外科研院所和企业的合作,积极参与具有全球影响力的科技创新中心建设。截至2017年底,上海外资研发中心累计已经达到426家,外资研发中心能级正不断提升,其中,已有40家成为全球研发中心,17家为亚太区研发中心;20家外资研发中心的投资超过1 000万美元;世界500强企业在沪设立的研发中心占1/3;大型跨国公司在上海设立的全球性和区域性研发中心已达到70多家。在上海的外资研发中心以占内地总数四分之一的规模,居全国首位,吸收中方研发人员总数超过4万人。

同时上海在未来的发展中应该抓住信息技术革命和金融服务外包的机遇,加快网络基础设施建设,加快金融电子化进程,加快与国际市场接轨,加快金融、信息、法律、计算机、电子商务等高级复合型国际人才的培养,建立并完善配套的法律法规和政策措施,积极承接发达国家的金融服务外包,提升上海作为金融服务中心的国际竞争力。上海作为中国的金融服务中心在经历了实体—虚拟—实体的轮回之后,在未来将成为科技实体支撑、虚拟适度的创新创意中心。

第四，从智慧城市建设的信息自动化建设到全球信息交互中心建设，成为全球先进的信息网络枢纽。

智慧城市是运用信息和通信技术手段感测、分析、整合城市运行核心系统的各项关键信息，从而对包括民生、环保、公共安全、城市服务、工商业活动在内的各种需求做出智能响应。其实质是利用先进的信息技术，实现城市智慧式管理和运行，进而为城市中的人创造更美好的生活，促进城市的和谐、可持续发展。未来30年，根据上海市的发展战略出发，上海对信息中心的建设将会逐渐扩散到全球，成为全球信息网络节点枢纽。上海要建成为全球信息交互中心平台，在全球信息网络中发挥重要节点功能。上海作为全球城市要成为全球信息网络枢纽，要成为全球信息产出、集散、周转基地。因此，未来30年，上海应当具有完备的信息网络基础设施，具有较强的信息交互能力。上海将建成并拥有全球主要的经济、政治、科技、社会和文化信息平台，并成为全球信息交互的重要网络节点。

第五，从为经济建设服务的功能性城市转向真正适合人类自由发展的全球城市，成为具有全球影响力及独特魅力的文化和艺术之都。

根据国家发展需要确定上海全球城市的发展战略，在现阶段的发展中，我们更多的是进行建设功能性城市的目标，追求人类更好的自由发展是全球城市建设的最终目标。而相对于已经成为全球城市的纽约、伦敦而言，上海只有发展成真正适合人类自由发展的全球城市，才能在全世界的全球城市发展浪潮中脱颖而出。全球城市的纽约和伦敦的战略规划已经远远超出了经济发展、城市竞争等基本内容，更多强调人文环境等方面的目标。他们对未来保持全球城市的发展规划，对上海的启示是要立足于发展人的根本需求这个出发点，把上海建设成真正适合人类自由发展的宜居型全球城市,成为具有全球影响力及独具魅力的文化和艺术之都。

第六,从区域人才中心转化为全球城市人才集聚中心,成为具有全球影响力的全球人才高地。

2018年上海市人才工作大会上,李强书记明确提出:抓人才是上海构筑战略优势、打造战略品牌、实现战略目标的第一选择和最优路径,要加快构建具有全球竞争力的人才制度体系,努力建设世界一流的人才发展环境,让上海成为天下英才最向往的地方之一。因此,上海市要积极吸引全球人才,聚天下人才而用之,积极打造集聚平台,构建适合全球人才生活工作的生态环境,提升城市生活的宜居性,加强教育、医疗等公共服务设施的发展,让上海成为各类人才创新创业的集聚高地,全球人才流动的重要节点。

3.3.4　未来30年上海全球城市建设的措施

上海要实现真正意义上的全球城市,有必要采取以下措施:

第一,聚集大量的跨国公司总部、国际性组织以及优秀人才。

上海市要想成为全球资源配置的重要网络节点和枢纽,必然要集聚大量的跨国公司总部、国际性组织和优秀人才,上海市市政府于2017年1月27日发布了《上海市鼓励跨国公司设立地区总部的规定》(沪府发〔2017〕9号),结合本市实际,优化了跨国公司地区总部政策,进一步优化总部经济发展环境,以吸引更多的跨国公司地区总部落户上海,截至2017年底,地区总部数量达到625家,亚太区总部达到70家,但是与纽约、伦敦、新加坡等城市还具有一定的差距,国际性组织总部上海更是与纽约等全球城市存在差距,因此,上海市一方面要积极鼓励更多的跨国公司总部和优秀人才落户上海,更要积极努力争取更多的国际性组织总部迁到上海,提升上海在全球城市中的枢纽地位。

第二,提升资源配置能力,推动产业结构升级。

上海市要提升整体的资源配置能力,大力发展高端服务业,促进服务业的转型升级,特别是要重点发展提供全球性服务和区域性服务的生产性服务业;其次积极培育新兴产业,特别是人工智能、大数据、新能源等新兴产业,推动上海市产业结构升级;再次,打造低碳产业体系,注重清洁能源、节能材料等的发展与应用,推动上海市低碳经济的发展。

第三,提升经济实力,形成特色文化。

上海要想在全球范围内具有话语权和影响力,就要在经济、文化、环境等领域发挥引领世界潮流、导向和控制作用,要具有产品定价权、信息发布权、文化主导权、技术标准制定权、市场引领权和规则制定权等重要管控权和协调能力,因此上海在加强传统优势产业的同时,更要加强新兴产业的发展,提高上海的经济实力,同时还要积极培育上海特色文化以及文化产业,形成引领世界潮流的产业发展方向和文化风向标。

第四章
未来 30 年上海全球城市人才流动趋势分析

4.1 上海建设全球城市与人才流动的互动关系研究

4.1.1 上海建设全球城市对人才流动的影响

经济全球化、政治多极化、社会信息化和文化多元化是 21 世纪的基本特征。这四个"化"的相互交织和互为推动加速了全球网络的形成,世界成为一个巨大的网络空间。全球城市的兴起是与全球化浪潮分不开的。在城市发展马太效应①的作用下,世界上逐渐涌现出一批在生产、服务、金融、创新、流通等全球活动中起到引领和辐射等主导功能,即具有资源配置和较强的控制力的中心城市,即全球城市(张鹏,2017)。全球城市的基本内涵是全球资源

---

① 马太效应(Matthew Effect),原指强者愈强、弱者愈弱的现象,被社会心理学、教育、金融等各领域的学者用于解释多种社会现象。在城市发展中马太效应主要指由于核心城市对人才、资本和知识等要素的集聚效应以及区域发展政策的偏向性造成的核心城市的发展速度远远超过一般城市的现象。

配置,关注点是全球网络关键节点发挥全球资源配置的特殊功能,引导和它相连接的其他城市、地区进入世界市场的枢纽通道。全球城市可以被分为不同的类型:同样作为全球网络的节点,但节点有层次、连接的高低,范围的大小,有些是区域性的节点,有些是真正全球性的节点。另外,有些城市是综合性的全球城市,有些则是专业性的。还有一个类型的区别是:有的全球城市是枢纽型的,有的则是通道型的。枢纽型全球城市广泛地与不同类型的城市之间建立连接关系,资源要素在这里流动;通道型全球城市则和一些特定的、特别是发展程度略低的城市、地区相连接,这些城市、地区必须通过这里进入世界市场——比如中国改革开放以前的香港。通道型全球城市因为具有唯一性,而具有比较大的控制力;枢纽型全球城市则相对来讲没有太大的控制力。一般来说,全球城市对全球或大多数国家都能够产生经济、政治、文化等方面的影响(Cornnor,2010)。现代意义上的全球城市是全球经济系统的中枢或组织节点,集中了控制和指挥世界经济的各种战略性功能,这种全球控制功能直接反映在其生产和就业结构上(Bentonf & Friedmann,2005)。

随着全球城市的出现,世界人才流动也出现了一些新动向,其中一个重要的群体就是跨国流动人才。他们具有出类拔萃的才能,而且具有很强的迁移积极性和活力,会随着全球范围内经济发展水平和地区吸引力的动态变化而四处迁移,他们在全球范围内寻找合适的职位,其活动范畴已经从一时一地拓展到全球各个国家和地区。因此能够发挥自身的才华成就伟大事业、拥有开放包容的文化和社会气氛、有良好的生态环境和完善的交通基础设施,成为这些人才选择居住城市的关键考虑因素(张少军、刘志彪,2017)。全球城市的出现,往往能够很好地满足这一类处于国际流动状态中的人才的需求,因此成为人才国际流动与集聚的交汇点。

当经济全球化、政治多极化、社会信息化①和文化多元化的趋势日益加深,人才服务的核心功能因为互联网技术的发展和产业集群的形成而集聚在少数几个城市(即全球城市),同时在人才的流动是自主的、活跃的以及充分自由流动的情况下,全球城市作为现代全球网络的关键节点,越有可能成为国际移民特别是身怀技术的经济性移民最先或者最多落脚的城市。

根据人力资本迁移投资模型,人才迁移是存在成本的,迁移的决策是综合考虑了流动成本、就业概率、在迁移地生活的各种收益、成本和风险,包括心理因素等之后的决策结果,即存在比现在更高的预期收益。因此,城市吸引人才流入需要有强有力的物质基础和收益基础作为支撑。城市特别是全球城市是同时满足节点要求和更高预期收益的最佳选择。由于全球城市在世界城市网络中所处的核心网络节点位置,以及包括信息、资金、人才、制度等高级生产要素在全球城市的大量富集(何雪松、袁园,2017),其所能提供的人才迁移收益是处于全球城市体系边缘的大多数中小城市所难以比拟的,因此,全球城市在塑造人才国际流动的空间分布中具有重要的引领和驱动作用。从全球角度来看,基于减少通勤和搜寻成本、有效管控风险、加强信息沟通等诸方面原因,人才流动越来越集聚于若干少数而非全部的集聚点。而这些集聚点因其自身的实力和竞争力为人才提供多种收益而提高其人才吸引力,人才的加速集中产生的势能和生态环境进而又强化其对更多人才的集聚吸引力。当人才的高度集聚实现由量变向质变跃迁的时候,这些节点就成为人才流动的契机和关键节点,即人才枢纽。正因

---

① 社会信息化是指以计算机信息处理技术和传输手段的广泛应用为基础和标志的新技术革命,并影响和改造社会生活方式与管理方式的过程。对全球城市和人才集聚而言,社会信息化主要从技术层面降低了人力资源配置中信息搜集和传递的成本,从而降低了人力资源市场中的信息不对称性和信息延迟,加速了人才在全球城市中的流动。

如此,在经济全球化时代,全球城市的建设由于改变了人才迁移的直接收益格局,因此对人才流动具有关键影响。处在城市网络或者城市体系最高端,并且具有较强的配置力、控制力、影响力的全球城市或世界城市,甚至可以被形容为具有强大的人才磁场的作用。

4.1.2 全球人才流动对上海建设全球城市的影响

从历史上著名城邦的崛起可以发现,城市振兴繁荣甚至跻身全球城市所依赖的资源经历了一个不断演进的过程。最早的城市,例如雅典城邦的兴起主要依赖自然资源,特别是水资源的丰富程度。为了满足农业灌溉的需要,人们倾向于聚集定居在河流附近,从而逐渐形成城市。近代以来,随着商贸流动的发展,交通航运的便利程度逐渐取代自然资源,成为城市兴起的重要条件。中国东南沿海一系列城市的兴起就是一个典型的例子。再往后,随着世界经济的重心从制造和流通转向服务业,金融业的发达和资金要素成为全球城市的基础。例如伦敦、纽约、香港等世界金融中心成为全球城市中最耀眼的明星。当今时代,技术创新成为驱动全球经济增长最重要的引擎,知识经济的特征日益明显,资金从稀缺转向过剩,因此人才资源的作用得到空前强化,以美国硅谷为代表的世界创新中心的崛起表明人才资源正在成为全球城市最重要的决定因素。威廉姆斯(Williams,1998)认为个人是缄默知识的载体,不仅是知识的学习者和承载者,也是知识的创造者;组织内部的知识流转,很大程度上也要依赖个人的流动——有界的职业流动;而且个人的流动不仅包括有界的职业流动,更包括无界的职业流动——自主劳动迁移;个人在不同工作环境特别是跨文化环境之间的流动,不仅发挥着知识翻译者的作用,促进知识的传递,而且发挥着知识经纪人的作用,促进知识的创造。从知识本身的特征看,科学知识的"缄默"特征[①]只能通过个体流动而实现传播和扩散,因此人才流动是知识流动的动力机制,人的流动常常能够在不同公司、部门、学术机构和国家之间产生积极的知识溢出效应(曹湛、彭震伟,2017)。当今人类社会已进入创新主导时代,人才流动性成为创新空间的重要特征。高端移动性人才在城市创新发展和对外知识联系方面的重要作用愈发凸显,已经成为世界各国和创新城市争夺的对象。弗里德曼(Friedmann,2006)在"世界城市假说"中就提出了"世界城市是大量国内和国际人才的移入地"的观点,一些学者也尝试通过调查跨国公司的高技术移民来构建全球城市的移民网络。顶尖高端人才就像磁铁,资金、产业都会追逐高端人才,可以说对于当今的全球城市,抓住了顶尖人才也就抓住了资源配置的牛鼻子。美国大都市的发展历程表明,人力资源集聚能够有效地驱动城市就业、薪酬、经济增长、产业集聚水平、住房价格等经济指数较快发展(Glaeser & Shapiro,2003)。因此能否有效地认清、培养、利用、提升、吸引、保有内外人才,即有效地开展人才动员,已经成为决定城市繁荣崛起的重要因素。积极打造全球范围内人才流动和集聚枢纽,已经成为当前上海建设全球城市的主导因素。

海默认为,全球城市的发展中存在着"马太效应",已经形成的全球城市会由于要素的加速集聚实现加速发展,而发展程度较低的城市由于要素流出和空洞化反而会进一步走向衰落。海默的理论预测了一个强者恒强的全球城市发展格局。弗里德曼则指出,

---

① 英国著名物理化学家和思想家波兰尼提出,人类的知识包括显性知识和隐性知识(即缄默知识),显性知识一般可以用书面文字或地图、数学公式来表达,而缄默知识则很难进行明确和系统的表述与逻辑证明,其本质上是人类非语言智力活动的成果。缄默知识的主要载体是个人,存在于个人的头脑中,不能通过正规的形式(例如学校教育、大众媒体等形式)进行传递。

世界城市体系中的城市能级和中心度存在一个动态调整的机制和可能性,并不因为成为全球城市先后顺序而存在调整的壁垒:如果能够吸引更多的人才、资金和跨国公司,并且在世界经济中取得一定的控制权,那么其在众多全球城市中的地位就可能上升。因此全球城市的地位,不仅可能上升,也有下降的可能。这一理论给上海这一类新兴的全球城市提供了更多的上升和成长的可能性。

门泽尔(Menzel,2007)受演化经济地理学对"接近"讨论的启发,提出了"动态接近"思想及"行动者空间移动时的变化带来的空间动力"这一全新的视角,用来解释网络"连接"的形成,认为人才(特别是跨国高技术人才)的流动是城市间协同创新网络形成的重要动因之一。全球城市所提供的事业发展和生活环境是全球顶尖人才发挥自身优势的条件和基础;反过来,在知识经济条件下,人才和知识已经成为构建全球城市,并且通过不断更新城市的核心竞争力,提升产业能力,从而确保全球城市可持续发展的重要驱动力。如果一个城市或者地点具备了成为全球人才枢纽的条件,通过有效承担全球人才资源输送和配置的功能进而不断影响全球人才流动的结构、流量和流向,同时因其内在机制的充分发挥能够使集聚于此的各类人才发挥巨大作用、释放巨大潜能的话,那么这个城市即有可能跻身于全球城市的行列。

根据上述论述,当前全球人才流动的格局和集聚模式决定了未来全球城市的崛起和城市实力的变化。能否在人才国际流动构成的网络体系中成为具有控制力的关键节点,进而影响一流人才的集聚与流动,将直接决定着上海全球城市构建的进程。上海在培育与建设世界城市的进程中,其重要的着力点就在于有意识地把握和引导全球人才的国际流动模式,集聚全球高端人才,特别是技术创新人才。人才特别是世界一流人才的国际流动,能够通过重塑全球劳动力市场进而影响全球要素市场,因此人才流动和集聚是全球城市形成的重要原因。

4.2 城市人才流动的理论模型分析

4.2.1 城市人才流动的宏观理论模型——针对全球城市的人才场论模型

物理学中把某个物理量在空间的一个区域内的分布称为场，如温度场、密度场、引力场、电场、磁场等。如果形成场的物理量只随空间位置变化，不随时间变化，这样的场称为定常场；如果不仅随空间位置变化，而且还随时间变化，这样的场称为不定常场。

美国心理学家劳伦斯（Lawrence，1997）仿照物理学中场的概念和理论，提出了人才与环境关系的公式：

$$B = f(P, E)$$

其中 B 指个人绩效，P 指个人能力和条件，E 指所处的环境。该公式表明一个人做出成绩的大小是由其本人的个人条件和环境条件的综合作用所决定的。如果个人处在一个难于发挥作用的环境里（如专业不对口、人际关系恶劣、心情不舒畅、工作待遇不公平、领导作风专断、不尊重知识与人才等），终难做出大的成绩。由于个人对环境往往缺乏改变的能力，改变这一状况的方法就是流动到更加适宜的环境中。因此，如果某一地区能为所需人才提供合适的环境，就会吸引人才流入并形成人才集聚的生动局面。

从微观层面来看，人才发挥作用最重要的环境是其所在的组织环境。但是从宏观层面来看，组织只能提供人才事业和生活发展的部分条件,其余的需要所在社区和城市来进行补充,而城市还从宏观层面上决定了人才所能够找到的工作机会和企业组织的数量和质量,因此城市可以被认为是人才场论中具有决定性作用的环境因素。随着人类社会的发展,当代城市已经成为人才、货物、信息和资金等各种要素的汇集点,同时也是各种信息产生、交流、释放和传递的高度会聚点。而在现代城市体系金字塔中位于最高层级的全球城市,作为把国家和地区经济有效整合到世界经济网络中的关键节点,为国家和地区提供了控制、指挥、后勤功能及设施,以联结、管理并畅通货物与服务。具体来看,全球城市在人才服务上的功能载体包括:以跨国公司、国际组织、科研机构、高等院校为代表的人力资本增值平台;以国际组织、国际会议论坛、国际赛事、图书馆、博物馆为代表的全球人才交流平台;提供支持人才流动集聚的基础设施及软硬件设施,如立体交通网络、信息通信设施、办公居住场所等,为人才在地方空间和流动空间上的移动提供必要的通道;以咨询公司、猎头公司和基金会为代表的全球人才服务平台。全球城市完全可以被称为是一个由经济、生态和生活构成的复杂的、多方面的生态系统。城市之于人才的意义在于通过便捷的交通设施、完善的社会事业,降低人才的生活成本,提高生活质量和便利性;通过完整的产业链和相关配套,使人才能够更加集中于自身擅长的核心领域,实现人尽其才;通过生产要素的组合和匹配,如资金、技术、土地等,使人才能够找到与之实现互补的生产要素;通过提供信息交流平台,帮助人才有效克服劳动力市场信息不对称带来的风险。此外,城市往往是联系网络的节点,相较于农村、郊区以及腹地,处在城市之中的人才在加强对外联络的同时,更容易接收到外来的知识和信息,从而在发展进程中增加砝码。对上海来说,当前建设全球城市最重要的人才场就是创新创业的生态系统建设,上海未来要针对创新链条上的诸多痛点、难点、堵点,进一步推进系列改革的深化,加速科技成果转化,促进创新链、产业链、资金链融合联动,构建生机勃勃的创新创业生态系统。

4.2.2　城市人才流动的中观理论模型——基于推-拉理论的扩展模型

"推-拉"理论是探讨人才集聚动因的基本理论,该理论强调人才聚合的"推"和"拉"两类因素。20世纪50年代末博格(Bogue,1958)首次较为系统地提出"推-拉"理论。他认为,更好的生活是人口流动的唯一目的,由此拉力便是流入地有利于改善生活条件的因素,而推力是流出地不利生活的因素。人口流入地因存在起主导作用的"拉"力吸引外来者。产生"拉"力的因素主要有:就业机会、高工资收入、更好的受教育机会、更完善的文化交通设施、更优良的气候条件等。人口流入地同时也存在不利于人口迁入的"推"力因素,如潜在的亲人分离、陌生环境、激烈竞争等。综合来看,迁入地"拉"力大于"推"力并占据主导地位,才能产生、提高人才吸引力。

推-拉理论认为,人口迁移主要是由两种力量引发的,即促使一个人离开一个地方的"推"力和吸引他到另外一个地方的"拉"力,迁移的形成是迁出地的推力与迁入地的拉力共同作用的结果。原住地的政策变化、经济衰退、失业、就业不足、成本上升、学校医院等基础设施缺乏、关系紧张疏远、自然灾害等构成了原住地的推力,这促使人才向其他区域迁移;迁入地的就业机会、高收入、环境适宜、职业发展机遇、家庭关系、较高的生活水平、较好的教育机会、文化设施、交通条件等积极因素构成了迁入地人才流入的拉力。一般而言,原住地的推力所引起的迁移会比迁入地的拉力所引发的迁移具有较小的选择性;当只有推力而无拉力时,迁移选择性最小。

李(Lee,1965)系统总结了推-拉理论,提出了一般意义上的推-拉模型。李(Lee)将影响人口流动的因素分成四类:个体自身的因素、迁出地和目的地本身的属性,以及流动过程中存在的阻碍因素。这一模式可以用图4-1直观地表示,其中正号表示地方对迁移者的拉力因素,负号表示对迁移者的推力因素。拉力和推力并存于迁入地和流出地,中间障碍因素主要有语言文化差异、迁移距离、迁移者本人的价值判断等。这些因素由于迁移者个人的特征差异而产生不同的推、拉效果,最终迁移结果取决于推力与拉力的合力。泰勒和伊杰赫隆(Taylor & LjeHeron,1977)区别了五种人才集聚的推力,依次为创造性工作的丰富程度——机会的多寡;企业家能力产生的可能性——雇主的可模仿性;容易识别知识的消费者——地方观念和雇主识才、用才的能力;容易识别的供应者——经纪人和中介状况;未来的提升空间。泰勒(Taylor,1980)认为"人才集聚能够培育产业、企业家能力和有利的商业环境,进而进一步促进人才集聚"。帕里沃斯和王(Palivos & Wang,1996)提出了人才集聚的主要的向心力,包括知识的溢出效应、地

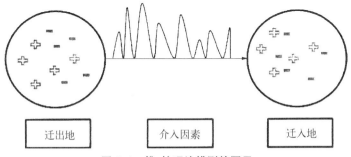

图4-1 推-拉理论模型的图示

资料来源:根据 Lee, E. S.(1966). A Theory of Migration. Demography, 3(1),47-57绘制

方公共货物的供应、内部规模经济、外部规模经济、地方政府政策和工资水平。

全球城市对于高端人才的吸引力是其本身所具有的对人才的影响力，并且有着明确的指向，即指向全球城市本身，作用的结果是使高端人才向全球城市集聚。由于全球城市的地理集中性，导致对高端人才的群体性吸引，尤其是对于外部人才的吸引，不可避免地涉及人口的跨区域迁移。全球城市在高端人才集聚过程中，也存在吸引人才向其流动的拉力，以及推动人才向外部流出的推力。高端人才的集聚是两种力量相互博弈、共同作用的结果，其中，全球城市对高端人才的拉力因素，包括更完善的产业链条、更高水平的产业集聚、更多的就业机会、更高的薪酬期望、更多的创新要素、更完善的创新生态、更开放的投资环境、更好的医疗和教育条件，例如上海拥有580家跨国公司的地区总部，330家外商投资性公司，411家外资研发中心，这些都对人才迁入产生了强大的拉力；同时由于全球城市的物理空间受限，也存在人口爆炸、交通拥堵、生态环境恶化、竞争压力大、生活成本高等促使高端人才游离出去的推力因素，如上海中心区域的房价已经高达十几万元/平方，这导致生活成本上升，实际工资降低，人们不愿意到中心区域工作。因此，高端人才在全球城市的集聚是由推力和拉力相互影响，共同决定的，可用公式表示如下：

$$GF = PosiGF - NegaGF$$

其中，GF代表全球城市对高端人才的集聚力；PosiGF代表全球城市对高端人才的拉力；NegaGF代表全球城市对高端人才的推力。同时，全球城市外部的非全球城市对高端人才集聚力的作用效果相同，用公式表示如下：

$$NF = PosiNF - NegaNF$$

其中，NF 表示非全球城市对高端人才的集聚力；PosiNF 表示非全球城市对高端人才的拉力；NegaNF 表示非全球城市对高端人才的推力。

因此，全球城市对高端人才的集聚效应，可以看作全球城市对高端人才的集聚力与非全球城市对高端人才集聚力的差异，用公式表示为：

$$SG = GF - NF = (PosiGF - NegaGF) - (PosiNF - NegaNF)$$
$$= (PosiGF - PosiNF) - (NegaGF - NegaNF)$$

其中，SG 是全球城市对高端人才的集聚力剩余（以下简称引力效应）；SGPosi = (PosiGF − PosiNF) 为拉力剩余；SGNega = (NegaGF − NegaNF) 为推力剩余。这个公式意味着高端人才之所以在全球城市集聚就是因为可以获得全球城市集聚力剩余。换言之，只有当 GF − NF＞0 时，全球城市对高端人才具有集聚力，这时主要表现为高端人才集聚的正效应。

4.2.3 城市人才流动的微观理论模型——人力资本迁移投资模型

美国著名经济学家西奥多·舒尔茨是人力资本理论的创始人。他从 20 世纪 50 年代开始从事人力资本理论的研究，在 50 年代末和 60 年代初连续发表了几篇重要文章，奠定了现代人力资本投资理论的基础。这些文章包括：《教育与经济增长》（1961）、《人力资本投资》（1961）和《对人投资的思考》（1962）。在这些文章中舒尔茨明确提出了人力资本的概念，认为人力资本是相对于物质资本或非人力资本而言的，是体现在人身上被用来提供未来收益的一种资本，是人类自身在经济活动中获得收益并不断增值的能力。在他看来,人力资本是投资形成的、存在于人身上的资本,表现为知识、技能、体力(健康状况)价值的总和;人力资本投资是效益最佳的投资也是经济增长的主要源泉,其消费部分的实质是耐用消费的,甚至是非常经久耐用的。

美国经济学家加里·S·贝克尔(Gary S. Becker)在人力资本理论研究方面,做出了很大贡献,其人力资本理论研究成果集中反映在他1960年以后发表的一系列著作中,其中最有代表性的是《生育率的经济分析》和《人力资本》,《人力资本》(1964)被西方学术界认为是"经济思想中的人力资本投资革命的起点"。对于在教育培训上的支出,就如在资本设备上的支出一样的人力资本的投资,贝克尔认为人力资本的投资是通过增加人的能力从而影响未来货币和心理收入的活动。这种投资包括正规学校教育、在职培训、医疗保健、迁移,以及搜集价格和收入的信息等多种形式。而学生学习期间既有直接成本也有机会成本。

舒尔茨和贝克尔把人力资本投资范围和内容归纳为五个方面:卫生保健设施和服务、在职培训、正规教育、校外学习计划、个人和家庭进行迁移以适应不断变化的就业机会。前四项增加个体人力资本数量,最后一项则涉及最有效的生产率和使个体获得利益最大化的人力资本。根据此理论,人才迁移便是个体人力资本投资的一种表现,我们可以从经济学视角切入,应用成本收益法进行分析。从成本上来看人才流动成本包括与迁移直接有关的货币成本、迁移所产生的机会成本以及放弃熟悉环境、迁入新环境的心理成本。人们愿意选择迁移的原因是其长期收益能超过短期迁移成本。一个理性的人才会对其迁移成本和流动收益进行权衡,进而做出流动决策。

人才向全球城市的流动存在一个潜在的边界条件:$P = P_2 - P_1 - C \geqslant 0$;其中,$P$代表流动后的净收益,$P_2$代表流动到新地点的收益，P1代表流动前的收益，C代表流动成本。净收益P＝有形收益＋无形收益。如果流动的净收益不是远大于零，人才的流动在经济上是不划算的。具体来看，人才向全球城市迁移的收益主要包括由于边际劳动生产率提高带来的收入的增加，由于更好的教育培训带来的人力资本进一步投资的效率提升，由于人力资本与全球城市的高端要素之间的互补作用带来的人力资本价值的增值，以及更好的医药卫生和生活条件带来的人力资本保持能力的增强。交易成本是人才集聚的重要解释变量，斯科特（Scott, 1986）的研究表明，当交易成本、信息成本与转移成本相互作用时，交易成本和信息成本就成为解释人才集聚的理论基础。人才向全球城市迁移的成本因素包括劳动力市场搜寻成本、谈判成本、迁移期间的收入损失以及家庭成员重新寻找工作的相关成本。

从人力资本迁移投资模型来看，全球城市的产业集聚和人才集聚具有内在的逻辑联系。劳动力市场搜寻理论认为，由于人们信息的有限性，人们在搜寻工作的过程中，需要付出一定的成本，即搜寻成本。影响搜寻成本大小的因素很多，其中两个重要因素在于搜寻的密度和广度，随着搜寻密度和广度的增加，搜寻成本也逐渐增大。同时，随着分工的深化和技术上的专门化，人力资本的资产专用性增强，人们的职业搜寻成本也呈上升趋势。同一产业或相关产业的企业集聚在一起，在其内部形成专门的劳动力市场，市场中就业信息丰富，这不仅大大减小了人才搜寻就业岗位的密度和广度，降低了搜寻成本，同时也意味着更多的机会和较低的流动风险，人才为此所付出交易成本也大为降低，从而引致各类人才的集聚。

知识经济时代，全球人才这种高端资源要素的经济性流向，取决于其人力资本净收益或者边际收益的势能差（周振华，2007）。人才流动，尤其是跨国流动的根本动因已转化为人力资本的保值增值问题。因此,未来全球城市对全球人才的吸引重点在于三点:一是既定的工作环境能否为全球人才的才智发挥提供必需的物质资本供给;二是既定的发展平台能否促进人力资本的保值增值;三是原有的制度空间能否为人力资本的保值增值提供保障并降低风险。与之相对应的是,作为崛起中的全球城市,其面临的一个重要任务就是超越过去城市崛起所依赖的有形资本和交通网络,实施以虚拟网络和信息流为基础的发展战略及其模式。通过与世界主要城市建立广泛的经济、政治和技术联系,通过发挥自身在城市网络体系中重要节点的作用,组织全球人才要素循环不断的流动,通过网络体系的协作效应获取流动性的附加值,促进城市能级提升。姜乾之等(2018)指出,基于全球城市流动空间、制度环境、人力资本的互动关系,重新分析全球城市人才流动的动因、路径与方式是全球城市人才流动最重要的研究范式。

4.3 未来30年上海全球城市人才流动趋势的定性预测

从目前的研究来看,北京、香港、新加坡也都是区域性全球城市,连接的城市大都在亚太,而上海连接的主要是欧美城市,更具全球性。并且,上海和欧美主要城市的连接,更多是经济、金融方面;北京和欧美最多是政治层面;另外上海更具有综合性的城市功能。因此,上海今后的全球城市定位,可能要承担起国家战略——能够在全球资源配置中发挥较大的作用。上海市在建设全球城市的过程中,人才在国际间的跨国流动将十分普遍,本部分内容主要分析上海在面对人才的外流、滞留、流失问题的过程中,未来30年上海建立全球城市人才流动的宏观趋势、中观趋势以及微观趋势。

4.3.1 上海人才流动的宏观趋势

上海人才流动的宏观趋势主要体现在如下两个方面,首先是上海的人才流动规模和流动范围将不断扩大,流动速度将不断增强;其次是全球人才将逐渐回流上海,同时上海的顶尖人才向发达城市的流动态势仍将不断增加。下文主要针对以上两个方面进行分析。

1. 上海的人才流动规模和流动范围将不断扩大,流动速度将不断增强

随着中国全面开放新格局的逐步形成,中国在国际间人才流动必然呈现增量、加速的趋势。在未来30年的发展过程中,上海要建设成为全球城市网络中的资源配置中心和创新中心,成为代表中国参与国际竞争的中坚力量,成为世界级城市群的核心引领城市。在这一进程中,上海作为全球城市将吸引来自全世界各地区的优秀人才,人才一体化趋势将明显增强。

随着各国间人才流动壁垒被打破,经济全球化不断加速、跨国公司快速发展、生产要素的全球配置加剧了全球人才在全球城市之间的流动和集聚,人才国际化流动的特征将越来越明显,人才的全球化流动已经成为经济全球化的重要组成部分。同时全球人才流动的速度也在加快,按照联合国的统计,全世界有2.32亿人不是在他们的出生国工作,而是在出生国以外的国家工作和生活,占到了世界总人口的3.2%。根据《上海市统计年鉴2017》提供的数据,截至2016年底,上海市获得居留许可外国人人数达172 647人,比2010年增长8.4%;截至2016年底,上海市永久居留外国人达3 027人,比2010年增长221.4%。

2. 全球人才将逐渐回流上海,同时上海的顶尖人才向发达城市的流动态势仍将不断增加

近二十年来,随着信息技术的发展、交通网络的便捷化、创新活动的共性及后发国家的政策优势凸显,创新创业人才的国际流动日益频繁,人才流失日益被更为复杂的人才环流所取代。人才流失范式强调人才流动是单向过程,是一方(接收国)利益建立在另一方(输送国)损失基础上的竞争机制,它难以解释当前人才流动的复杂性,低估了全球科技创新体系中知识流动的重要性,忽视了个体拥有的缄默知识随其流动而在国际传播的效应,因此相对于专利和授权,人才流动是更有效的知识和技术转移机制。人才环流强调人才流动是一个复杂和多向的过程,人才流动不仅有利于接收国,同时对输出国也有积极意义。越来越多的归国者不仅将自己在其他国家接受的教育和知识转移给自己的国家,同时能继续维持与国外的知识交流和合作网络,提升所在国和机构的国际化水平。正因如此,增进人才流动、努力成为高水平人才流动目的国,成为很多国家科技与经济政策不可分割的部分。

人才回流与国家崛起相辅相成。人才回流推动国家崛起,国家崛起促进人才回流。《全球趋势2030:变换的世界》认为,中国很可能在2030年前超过美国成为世界最大经济体,随着我国经济实力的跃升,全球人才向中国流动以及中国海外人才回流态势将不断增强。近年来中国留学归国人员的数量迅速增长正是全球范围内人才环流趋势和中国对全球人才吸引力提升的具体反映,根据2017年留学人员回国服务工作部际联席会议公布的最新数据,截至2016年底,出国留学完成学业后选择回国发展的留学人员比例由2012年的72.38%增长到2016年的82.23%。领英数据显示,拥有10年以上工作经验、在某个领域可以领衔创新的35至45岁高端海外人才归国数量在2016年达到了2010年的两倍。新中

国成立以来最大规模留学人才"归国潮"已经形成。

据联合国人才发展报告预计,2010—2050年间,各国国际净迁移年平均人数分别为:美国每年110万人、加拿大每年20万人、德国每年15万人、意大利每年13万人、西班牙每年12.3万人、澳大利亚每年10万人。在这期间,最高水平的净迁出人数的国家是:中国每年-32.9万人、墨西哥每年-30.6万人、印度每年-24.1万人、菲律宾每年-18万人、巴基斯坦每年-16.7万人。可见,人口流动的主流趋势在未来的30年仍是由发展中国家到发达国家。但是,根据中国与全球化智库及社会科学文献出版社发布的《国际人才蓝皮书:中国国际移民报告(2017)》显示,随着中国经济实力的跃升,中国对外国人才的吸引力越来越大。近年来中国海归人才大量回流,成为世界移民"北南"流动的重要组成部分。目前,在我国长期居留的外籍人士约85万人,占我国总人口的0.06%,其中在沪外籍人口数量为21万左右,占所有中国外籍人口数量的四分之一,为中国城市之首。从中可以看出,上海在吸引外籍人士上有着独特的优势。上海将在未来30年成为外国人才吸引的主要地区,不仅对海外留学生,而且对世界其他国家和地区人才的吸引力将越来越大。全球城市仍然是国家承接全球人才流动的主要载体。受资本、科技以及环境等因素影响,全球移民"南北"和"南南"流向仍将持续。得益于上海全球城市建设步伐的加快,上海将在这一轮全球人才环流中占据先机。

3. 全球城市人才流动成本降低、效率提高

移动互联网和人才大数据为国际间的人才争夺与竞争提供了广阔的舞台与空间,它已发展成为全球人才争夺十分有效的武器,提供了全世界最新最全的人才招聘与求职信息,将信息传遍全世界的每一个角落,不出门就可以在网上参与跨国求职与招聘,降低跨国流动的成本,使远程求职与招聘低成本化,提供个性化的服务

与帮助,提高人才交易的成功率和效率。

4.3.2 上海人才流动的中观趋势

上海人才流动的中观趋势主要体现在如下三个方面,首先是"总部经济"对人才吸引力不断扩大;其次是生态环境已经成为聚集人才的关键,而且将在未来呈现出越来越重要的作用;最后,上海不再仅仅作为中国的金融中心而吸引人才,科教文卫在未来吸引人才的重要性将不断凸显。下文主要针对以上三个方面进行分析。

1."总部经济"对人才吸引力不断扩大

上海建立全球城市的第一个发展目标就是成为配置金融资源的中心、配置贸易资源的中心、配置信息资源的中心和配置人力资本的中心,而全球跨国公司总部则担任着其所在领域的这四个方面的配置作用,使得跨国公司在全球人才流动中扮演了至关重要的角色。

目前跨国公司在全球建有分支机构多达50万家,几乎遍布世界各个国家和地区的所有经济领域和产业部门。这些跨国公司的经济实力巨大,占世界总产值的40%,国际贸易额的60%,国际技术贸易的70%,对外直接投资的90%,左右着世界经济的发展。而根据《上海市统计年鉴2017》,截至2016年底,上海拥有580家跨国公司的地区总部,330家外商投资性公司,411家外资研发中心,跨国公司对于上海人才一体化趋势的增强作用越来越明显。

与另一座全球城市纽约相比,上海体现的比较强的吸引力是把他国的跨国公司地区总部、全球研发机构吸引来,但上海没有呈现出很强的全球影响力,因为中国企业走出去的还比较少,特别是总部在上海的中国企业走出去建立全球网络的还比较少。而纽约有很多真正的全球性公司的总部,一下就把全球城市的水平提升到较高程度。当然在吸引跨国公司总部方面，上海也不能完全寄希望于中央采取行政手段，最终还是取决于市场是否让这些企业将总部设在上海。所以，上海关键是打好基础——核心是营商环境：软环境、软实力。这个营商环境不仅仅是高楼大厦、道路交通，虽然这些因素也需要，但更主要的是真正吸引具有全球资源配置功能的公司、机构集聚到上海来的营商环境和软实力。未来，上海需要在总部经济的发展上进一步提升作为全球城市的影响力，并以此吸引更多的人才涌入。

2. 生态环境已经成为聚集人才的关键，而且将在未来呈现出越来越重要的作用

在上海全球城市的发展目标中，上海要成为世界级城市群的领军城市，更多强调的是开放、自由、服务和宜居等的特征，因此在未来发展全球城市的建设过程中，城市的生态环境对聚集人才将变得至关重要。根据最近《第一财经周刊》针对上海公司人员所做的"城市人才吸引力"调查显示，"空气、环境以及水等质量"这一选项是他们在考量城市的最重要的因素。因此，环境问题正成为导致人才离开全球城市的一个重要不利因素，上海在这方面的问题比较突出，空气污染和交通拥挤正在成为上海国际人才流失的主要原因。同时也可以看出，纽约和伦敦为保持全球城市的地位而采取的最重要的措施是提高城市的宜居程度和生态环境。在全球城市的后15年中，上海将重点建设生态环境和人文环境，从而使之能与经济和金融发展形成良性的循环。

3. 随着国内新一线城市的崛起，上海本地人才向新一线城市的流动增加，同时新一线城市在吸引海归人才上与上海形成竞争关系

2010年以前，国内大量优秀的技术人才、中高端管理人才集聚上海、北京、广州、深圳等中心城市，促进了这些城市的飞速发

展。相比之下，新锐城市如无锡、张家港等地对人才的吸引力还比较弱。2010年以后，特别是2014年以来，包括杭州、成都和武汉在内的"新一线城市"①逐渐成为人才流入的热点。根据领英发布的《2018中国人才招聘趋势报告》，在地域方面，从人才净流入/净流出比来看，新一线城市对于人才的吸引力已经超越北上广深四大一线城市。领英中国2018年3月发布的城市人才吸引力榜单显示：杭州、深圳、成都、苏州、厦门、东莞、武汉、重庆、南京等城市超越北京和上海（参见表4-1），更能吸引人才的流入。这种趋势反映出新一线城市的商业创新发展潜力和就业机会在不断增加。对于求职者来说，这些城市事业发展前景广阔，而生活质量却可能比一线城市更高。这对于上海在保留、引进国内人才以及吸引海归人才上都产生了新的竞争和挑战。上海亟须打造相对于新一线城市的新的竞争优势。

另根据在线人才招聘平台猎聘发布《2018年上海中高端人才及沪漂大数据报告》，京沪两地间及上海与长三角城市间人才双向流动显著。上海中高端人才净流入率位居全国城市第11名，杭州、长沙、成都则位列前三名。上海中高端人才平均年薪位列全国第二，达23.65万元，仅次于北京。值得注意的是，人才流入上海占比最高的前五座来源城市和上海中高端人才的前五个流向地均为北京、苏州、杭州、南京、深圳，上海流向北京的人才占上海流出人才最多，比例为12.46%。由此可见，上海和其他一线城市及周

---

① 《第一财经周刊》从2013年起根据商业资源集聚度、城市枢纽性、城市人活跃度、生活方式多样性和未来可塑性五大指标开展综合评比，在传统的一线城市（即北上广深）之外，评选出崛起中的新一线城市。新一线城市或为直辖市，拥有雄厚的经济基础和庞大的中产阶层人群以及可观的政治资源；或为区域中心城市，对周边多个省份具有辐射能力，有雄厚的教育资源、深厚的文化积淀和便利的交通；或为东部经济发达地区的省会城市和沿海开放城市，有良好的经济基础、便利的交通和独特的城市魅力。新一线城市的排行榜体现了城市综合竞争力的动态变化趋势。

边长三角城市之间的人才流动规模更大。

表 4-1 城市综合吸引力榜单
新一线城市人才吸引力走高,北京、上海排名显著下降

城　市	人才吸引力指数 (流入人才/流出人才)	平均在职时长 (年)
杭　州	1.576	1.61
深　圳	1.381	1.84
成　都	1.341	1.75
苏　州	1.324	2.16
厦　门	1.318	2.03
武　汉	1.259	1.83
广　州	1.235	1.73
重　庆	1.221	1.83
南　京	1.219	2.13
上　海	1.213	1.89
北　京	1.157	1.87

资料来源：领英中国 2018 年 3 月发布的"城市人才吸引力指数榜单"

4. 上海不再仅仅作为中国的金融中心而吸引人才,科教文卫在未来吸引人才的重要性将不断凸显

随着人才需求的不断提升,对生活配套的科技、教育、医疗、文化等的要求也在提高。王全纲和赵永乐(2017)等学者在研究国际人才流动及其影响因素时发现：发展中国家的留学生,当选择发展中国家作为流动的目的国时,同时考量教育因素和经济因素,当选择发达国家作为目的国时,主要考虑经济因素;发达国家的留学生,当选择发达国家作为目的国时,重点考虑教育因素,当选择发展中国家作为目的国时,同时考虑教育因素和经济因素。人才本身也正成为吸引人才流动聚集的驱动力。目前,人才对人才的吸引力不断增强,正在成为人才集聚的重要动力之一,表现为城市人才集聚中的

"马太效应"。一方面,城市的各种政策、资源等吸引人才到城市就业、居住,这些人才会吸引更多人才进入城市,影响日益扩大的人才带动效应,为城市带来稳定的集聚。另一方面,以全球赛事、学术研讨会、高端论坛、国际谈判等为代表的交流活动吸引更多人才向城市定期或不定期的集聚,推动城市升级成为"人才俱乐部"。

4.3.3 上海人才流动的微观趋势

从未来30年全球城市的发展趋势预测,上海要实现以"五大中心"建设为核心的全球城市发展目标,主要需要吸引和集聚以下三类人才:高新技术人才、新型商业人才、专业化的服务人才。高新技术人才中包括产学研结合的科技领军人才、与工业4.0配套的顶尖科技人才、大数据时代下的信息专业人才等;新型商业人才包括创新创业人才、具有社会责任感和资源整合能力的企业家人才等;专业化服务人才包括金融和科技型服务人才、法律人才、咨询服务人才、人文社科类艺术人才等,其中金融人才主要是与未来国际金融中心相匹配的高层次金融服务人才。据麦肯锡预测,到2030年,美国将面临14万—19万大数据的分析和管理人才缺口,以及150万能够面对大数据做出正确决策的管理人员和分析人员的缺口。而根据埃森哲公布的数据显示,美国新增数据分析高管职位的数据将占全世界的44%。但美国本土只能提供23%,将会有3.2万的人才缺口。面对严重缺少大数据分析和管理人才,上海已经开展数据专业领域人才的培养,目标是培训一批资深数据工程师,培育跨界复合型人才,与国内外数据专家形成持续稳定的协作关系。鼓励高等院校和企业合作,开展数据科学和大数据专业学历教育,依托社会化教育资源,提高大数据产业人员的业务水平,发挥大数据高层次引进人才的重要作用,开展大数据专业培训,形成人才梯队。

"信息化流动"将成为上海未来人才在数量和质量上的流动补充。随着科技的迅猛发展,全球城市人才将有条件利用现代通讯、网络等技术手段,身处异地就可将其智力、知识等资源通过将其转化为信息流的形式传递到另一个地方,实现"才"和"人"相对分离的流动。中国,乃至是整个亚洲地区,拥有着年轻且庞大的数字化原住民人口,这为智慧城市的建设提供了非常良好的环境。上海的技术基础设施水平较高,具体体现为智能手机普及率高、智能高速通信覆盖情况良好以及智能监测覆盖率高。上海还拥有领先的数据平台,并且是世界上无线互联网覆盖最好的城市之一。智能应用的大范围试点和推广也是中国智慧城市发展的亮点之一。

在智慧城市和信息网络的支持下,全球城市人才流动的方式将发生新的变化,人才的工作地与居住地将发生分离,人才虚拟流动将通过信息通信网络来解决。现代科技、信息化和知识经济的不断发展,越来越为这种崭新的人力资源流动方式创造出物质技术条件,从而通过这种方式实现知识、智力资源的低成本高速流动。

4.4 基于固定效应静态面板数据模型的未来30年上海人才流动趋势定量预测

4.4.1 预测变量的选择和数据来源

基于前文论述的全球城市的人才场论模型,人才流动推-拉理论的扩展模型,以及人力资本迁移投资模型,同时参考黄苏萍等(2011)基于层次分析法的城市人才集聚竞争力评估模型,以及欧洲工商管理学院(INSEAD)与其合作伙伴共同发布的全球人才竞争力指数(GTCI)评价模型,本文从经济发展水平、事业环境、生活环境三个层次确立了预测上海人才流动的一级指标,在此基础上又确定了包括经济增长、经济规模和产业结构等12个二级指标,最终得到18个解释变量用于针对城市人才流入量的固定效应静态面板数据模型回归。基于人才流动推-拉理论的扩展模型,在预测目标城市的人才流动时,除了采用目标城市自身的特征指标以外,还需要考虑流出城市的特征指标,因此本文在预测变量中加入了GDP增速(%)、人均GDP(美元/人)和第三产业比重(%)的中国国内平均值和同期世界平均值作为人才流出城市推力和拉力的综合反映。根据国内的一般统计口径,本文以户籍人口当年的净迁入数量(即当年户籍人口迁入数量与户籍人口迁出数量的差值)作为上海人才流动的衡量指标,记为Flow。具体的变量设定如表4-2所示。

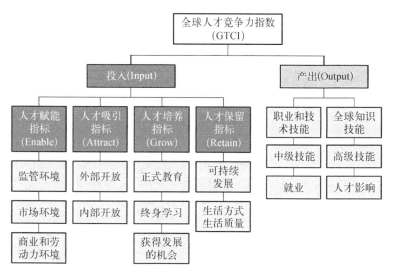

图4-2 GTCI模型结构图

表4-2 预测变量设定及指标体系

一级指标	二级指标	三级指标(解释变量)	变量代码
经济发展水平	经济增长	GDP增速(%)	GDPGrowth
	经济规模	人均GDP(元/人)	AvgGDP
	产业结构	第三产业比重(%)	SerRatio
事业环境	薪酬水平	居民人均可支配收入(元)	Salary
	就业机会	规模以上企业数量(家)	Firm
		跨国公司地区总部(家)	Head
	创新要素	研究与试验发展(R&D)人员全时当量(万人年)	R&Da
		科技经费支出占地方财政支出比重(%)	R&Db
	对外开放	人均实际利用外资额(元/人)	FDI
		人均进出口额(元/人)	Trading
生活环境	房价水平	商品房新房销售价格(元/平方米)	House
	医疗卫生条件	每万人拥有医生(人)	Docs
	生态环境	建成区绿化覆盖率(%)	Green
		环境空气质量优良率(%)	Air
	交通设施	每万人拥有道路长度(公里/万人)	Road
		年起降航班数(万架次)	Flight
	教育机会	普通高等学校数量(所)	College
		普通小学数量(所)	School

基于数据可比性和增加样本数量的考虑,本文选择了中国23个省会城市、5个自治区首府和4个直辖市共32个城市作为观测

单位。用于回归的数据时间范围是从 2007—2016 年共十年的数据，除去缺失值情况，可用的观测总数为 307 个。

研究所需的数据来自观测期内的中国统计年鉴以及各观测城市的统计年鉴，少部分缺失的数据根据手工搜集的统计公报以及政府在媒体上公开披露的数据进行补全，其余的则作为缺失值处理。其中世界范围内的平均经济增长率和人均 GDP 来自世界银行统计数据。全部数据处理采用 STATA 14 软件完成。

4.4.2　计量模型的选择和设定

由于面板数据模型相比截面模型信息量更大，参数估计的有效性更高，同时能够缓解多重共线性和实验变量的内生性对回归结果的威胁，也更能够体现城市的个体效应和时间效应对城市人才流动的影响，因此与目前大多数文献一样，本文采用静态面板数据模型（由于解释变量中不含被解释变量的滞后项）作为计量模型的基本形式。此外，受观测样本数据缺失的影响，本文的面板数据是非平衡的。

面板数据模型主要有 3 种不同的设定方式，即混合 OLS 模型、固定效应模型（FE）和随机效应模型（RE）。本文认为研究的样本城市存在不随时间改变的影响城市人才流动的个体特征，例如产业基础、城市创新氛围、文化包容性等，即存在个体效应，因此排除混合 OLS 模型。但是个体效应还存在两种不同的模型设定方式，即固定效应和随机效应，其关键区别在于将个体效应认为是一个确定的因个体而异的截距项，还是一个具有一定概率分布的随机变量。从本文的研究对象来看，几乎覆盖了国内主要城市，属于较为完整的抽样，而不是从较大的总体中抽取少量样本的情形；同时本文也希望能够在模型中体现出不同城市个体特征的差异性,因此从直觉上分析倾向于采用固定效应模型。

在直觉分析的基础上,模型的筛选还需要经过计量检验。首先本文检验了固定效应的显著性,即采用固定效应模型是否优于混合 OLS 模型。检验的原假设为所有样本企业回归的截距项相等,利用 STATA 回归得到的 F 检验统计量为 11.71,在 0.01 的显著性水平上显著,拒绝原假设,说明采用固定效应模型优于混合 OLS 模型。

其次,本文检验了采用固定效应模型的合理性。由于随机效应模型假设个体效应是模型干扰项的一部分,因此要求所有的解释变量与个体效应不相关,这是一个较为苛刻的条件。在随机效应的前提假设不能满足的条件下,只能采用固定效应模型或工具变量法进行估计。因此,在确定了个体效应的存在后,本文还需要检验采用固定效应模型的合理性,即随机效应模型的假设条件是否能够满足。利用 Hausman 检验,分别进行固定效应模型回归和随机效应模型回归,检验两种模型设定得到的参数估计是否具有显著差异。利用 STATA 得到的 WALD 统计量等于 319.73,在 0.01 的显著性水平下显著,拒绝原假设,说明采用固定效应模型要优于随机效应模型。

综上所述,本文采用模型 I 来检验上述预测变量对国内主要城市人才净流入的影响,并依据所得到回归系数对未来上海人才流动趋势进行预测。其中模型的最后两项分别是反映国内平均水平和世界平均水平的向量。

$$Flow_{i,t} = \beta_0 + \beta_1 GDPGrowth_{i,t} + \beta_2 AvgGDP_{i,t}$$
$$+ \beta_4 SerRatio_{i,t} + \cdots + \beta_{18} School_{i,t}$$
$$+ \beta_{ca} ChinaAvg_{i,t} + \beta_{wa} WorldAvg_{i,t}$$

(MODEL I)

4.4.3 回归结果

表 4-3 城市人才流动的影响因素回归结果

VARIABLES	(1) $Flow_t$	(2) $Flow_t$
GDPGrowth	0.208**	0.210**
	(0.125)	(0.125)
AvgGDP	0.000 256**	0.000 228**
	(0.000 101)	(0.000 098 9)
SerRatio	0.303	0.311
	(0.205)	(0.205)
Salary	0.000 881***	0.000 883***
	(0.000 150)	(0.001 51)
Firm	0.000 086 2	0.000 079 0
	(0.000 125)	(0.000 126)
Head	0.000 525*	0.000 528*
	(0.000 218)	(0.000 218)
R&Da	0.000 052 5***	0.000 052 6***
	(0.000 015 5)	(0.000 015 5)
R&Db	0.005 81***	0.005 52***
	(0.001 85)	(0.001 82)
FDI	0.000 529	0.000 892
	(0.008 25)	(0.008 28)
Trading	0.008 62	0.005 90
	(0.012 5)	(0.012 6)
House	−0.000 192**	−0.000 202**
	(0.000 092)	(0.000 092)
Docs	0.022 6***	0.022 2***
	(0.008 3)	(0.008 3)

续 表

VARIABLES	(1) Flow$_t$	(2) Flow$_t$
Green	0.221	0.223
	(0.201)	(0.201)
Air	0.096 9	0.085 9
	(0.200)	(0.200)
Road	0.002 26**	0.002 22**
	(15.8e-05)	(15.8e-05)
Flight	0.001 59	0.001 51
	(0.001 55)	(0.001 54)
College	0.000 120***	0.000 114***
	(0.000 088 2)	(0.000 088 1)
School	−0.000 225	−0.000 182
	(0.000 286)	(0.000 281)
CA_GDPGrowth		0.092 5
		(0.021 4)
CA_AvgGDP		−0.000 581*
		(0.000 221)
CA_SerRatio		−0.025 2
		(0.015 2)
WA_GDPGrowth		−0.042 0
		(0.035 1)
WA_AvgGDP		−0.005 42
		(0.004 89)
WA_SerRatio		−0.005 42
		(0.004 89)
Observations	315	307
R-squared	0.072	0.074
Number of stkcd	32	32

Robust standard errors in parentheses
*** $p<0.01$, ** $p<0.05$, * $p<0.1$

在表4-3中,反映人才流入地的经济发展水平的3个变量中,经济增长率和人均GDP对人才迁入存在显著的正向影响,而第三产业比重对人才迁入没有显著的正向影响。这基本支持了人才迁移的推-拉理论的预测,地区的经济增长意味着投入要素的增加,由此产生对人才迁入的拉力,上海在未来30年中保持经济稳定增长是吸引人才流入的基础。人均产出水平反映了地区经济发展的绝对水平,是全球城市产业发展、生活水平和基础设施的综合体现,同样对于人才迁入有显著的促进作用。但是第三产业占比与人才迁入没有显著的关联性,这可能是由于随着经济的发展产业结构逐渐趋于稳定,第三产业不再是人才唯一的蓄水池,先进制造业等第二产业同样对于人才有强大的吸引力。

在反映人才事业环境的7个变量中,收入水平以及体现城市创新投入强度的两个变量回归系数都在0.01的水平下显著,对人才迁入存在显著的正向影响,这表明在全球城市的事业环境中,薪酬激励和城市创新生态的建设是拉力因素中最重要的变量。上海建设具有全球影响力的科创中心对于吸引全球人才具有重要推动作用。在就业机会维度上,回归结果表明,规模以上企业数量并不是吸引人才迁入的关键,以跨国公司总部为代表的优质企业才是吸引人才的关键。此外,在对外开放维度上,全球城市吸引外商直接投资对于人才流入有显著的正向影响,对外贸易与人才流入没有显著的相关性。

在反映生活环境的8个变量中,房价水平对人才迁入有显著的负向影响,这反映了当前国内房价高企,居住成本成为人才迁移时最重要的成本因素之一,上海未来平抑房价、推行针对性的人才住房保障体系对于吸引人才至关重要。此外,医疗卫生条件也是人才选择迁入城市考虑的重要因素。从回归结果来看,生态环境与人才迁入没有显著的相关性,这可能是由于目前大型城市普遍重视环境质量的改善,城市之间在生态环境上没有形成显著差异造成的。

在交通设施方面,反映市内交通发达程度的每万人拥有道路长度对人才迁入有显著的正向影响,而航空客运发展水平没有显著的预测作用。在教育机会方面,普通高等学校显著正向预测了人才迁入的数量,而普通小学数量对于人才迁入没有显著影响。

4.4.4　上海未来人才流动趋势的定量预测

在中期中,根据上海市十三五规划对上海市经济发展、城市建设和基础设施水平制定的发展目标,得到主要解释变量 2020 年的预测值(如表 4-4 第三列所示),代入上述回归模型可以得到 2020 年上海市人才净流入量约为 7.6 万人左右,略高于 2017 年的水平。

在长期中,根据世界银行和国务院发展研究中心联合发布的报告《2030 年的中国》,在 2030 年左右中国将会成为一个"现代、和谐、有创造力的高收入社会"。如果中国实现成为高收入国家的目标,按市场价计算,它将成为世界最大的经济体(事实上,如果按购买力平价方式计算,中国 GDP 总量很可能在 2020 年前就超过美国)。未来 20 年,中国 GDP 增量将是目前韩国 GDP 的 15 倍。同时,2030 年城市人口的比重将从今天的一半左右提高到 2030 年的接近 2/3,平均每年增加 1 300 万人。根据《上海市城市总体规划(2016—2040)(草案)》《"健康上海 2030"规划纲要》以及依据相关预测变量过去时间序列数据的滑动平均外推,得到主要解释变量 2030 年的预测值(如表 4-4 第四列所示),代入上述回归模型,可以预测 2030 年上海市人才净流入量约为 12.8 万人左右。

表 4-4　主要解释变量的预测值

三级指标(解释变量)	变量代码	2020 年目标值	2030 年目标值
GDP 增速(%)	GDPGrowth	6.5%	5.0%
人均 GDP(万元/人)	AvgGDP	15	22
第三产业比重(%)	SerRatio	70%	73%
居民人均可支配收入(元)	Salary	63 676	112 420
规模以上工业企业总产值(亿元)	Firm	39 000	55 000
跨国公司地区总部(家)	Head	750	1 200
研究与试验发展(R&D)人员全时当量(万人年)	R&Da	22	37
科技经费支出占地方财政支出比重(%)	R&Db	7.5%	9%
人均实际利用外资额(美元/人)	FDI	1 690	2 450
人均进出口额(万美元/人)	Trading	460	650
商品房新房销售价格(元/平方米)	House	95 000	140 000
每万人拥有医生(人)	Docs	32	45
建成区绿化覆盖率(%)	Green	40%	42%
环境空气质量优良率(%)	Air	80%	83%
每万人拥有道路长度(公里/万人)	Road	8.15	8.70
年起降航班数(万架次)	Flight	90	140
普通高等学校数量(所)	College	67	72
普通小学数量(所)	School	798	980

第五章
未来30年上海全球城市人才资源开发目标和基本思路

5.1 人才资源开发的理论模型

5.1.1 人才资源开发的宏观理论模型——人力资本和人才资源开发调控场理论

人力资本理论是人才资源开发最重要的理论基础之一,该理论的研究成果为以政府为主体的宏观人才资源开发主体提供了理论依据与指导。该理论认为,人是一种特殊的资本,人所具有的知识、技能和经验能够提高组织的生产率从而给整个社会带来经济价值。从经济学的角度来看,人才资源开发的本质就是人力资本投资和增值的过程。人才资源开发是组织针对员工个体实施的行为,人力资本理论认为组织通过对人才的投资从而实现了对组织更大的经济贡献,并从经济学角度分析人力资源作为一种资源的投入和产出,论证投入的合理性和必要性。人力资本理论中代表性的观点和成果如肯尼思·阿罗(K J. Arrow)的"干中学"理论、保罗·M.罗默(C Paul M. Rower)的知识溢出模型、罗伯特·E.卢卡斯(Robert E. Lucas)的人力资本溢出模型、新制度经济学的人力资本契约理论等,学者们从经济学角度对人力投资做出分析,揭示了人力资本投资是一种生产性的资本投入。人力资本理论的研究成果为宏观人才资源开发提供了扎实的理论支持,同时,为不同国家、地区和时期的人力资本投资问题的行为决策提供了依据。

除了人力资本理论之外,人才资源开发调控场①理论也是分析人力资源开发的重要理论。该理论认为,人力资本投资的过程不是一个孤立静态的过程,而是受到环境的动态交互影响。环境对个体行为的影响和调控是通过相应的场(环境场)的作用来实现的。环境场可以直接影响人才培育过程的功能分量,称为"开发场",开发场是人才资源开发目标、开发手段、系统发展和环境的函数(何见得,2002)。开发场和环境场的关系如下:

$$\Phi = K + N = \begin{bmatrix} \Phi_k^0 + \Phi_n^0 \\ \Phi'_k + \Phi'_n \\ \Phi''_k + \Phi''_n \end{bmatrix} \quad (式5.1)$$

其中 Φ 表示环境场;K 表示开发场,指的是环境场 Φ 的开发功能分量;N 表示非开发功能分量。则式5.1还可以表示如下

$$K = (\Phi_k^0 + \Phi'_k + \Phi''_k)^T \quad (式5.2)$$

其中式5.2括号内分别表示开发场在背景、调控和情境三个层面的分量,其中:Φ_k^0 为开发背景场,表示系统内外开发环境的分量,可以理解为人才开发之前的内外环境,例如上海已有的人才结构和人才制度、国内外其他城市的人才环境等。这部分场景开发

---

① 人才资源开发调控场理论中主要涉及人力开发背景场、人力资源调控场、人力开发情景场,分别对应公式中的三个符号。其中对人才开发最关键的是人才开发调控场,人才开发调控场需要根据不同人才的个人需求进行自我调控。

主体以利用为主，调控为辅。

Φ_k^1表示开发调控场简称为"调控场"，指的是开发主体为开发人才资源所采取的开发措施所形成的场，这部分主要是进行自我调控。

Φ_k^n表示开发情景场，指的是具体人才资源开发措施相关联的具体情景，可以理解为人才开发过程中的环境，这部分场景开发主体以利用为主，调控为辅。

用模型表示如下：

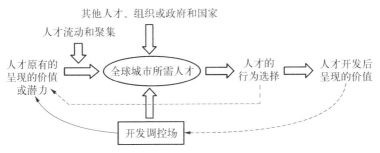

图 5-1　人才资源开发的开发调控场理论模型

该理论对上海全球城市人才资源开发具有以下几个方面的启示。首先，环境场是客观存在的，核心内容是怎么利用现有的客观环境。城市作为人才资源开发主体，关键是如何发挥开发调控场对人才开发的作用。开发调控场的关键是通过非接触性、概率性的引导、强化，引导的目的是让人才通过自主选择为城市发展做出贡献。开发调控场中需要做到三个关键措施：激励、竞争和评价。因此，现有上海市人才30条政策在人才激励方面取得了一定成效，但是缺乏人才之间的有效竞争和合理评价。全球城市发展过程中，形成有效的竞争机制和评价体系是现阶段人才开发措施中的关键性步骤。其次，根据开发调控场理论，合理的人才资源开发包括了三部分：有效的开发措施、有效的措施操作、有效的人才资源开发结果反馈,只有三者结合才能算是人才资源得到了合理的开发。再次,人才开发过程是一个复杂的系统,开发主体(城市)、人才资源、开发调控场并非简单的"规定"与"被规定"的关系,而是相互影响、相互顺应的关系,其间存在着相互作用、调适的过程。

5.1.2　人才资源开发的中观理论模型——产学研联动人才资源开发模式

人才开发是一项系统工程,它不仅是教育部门的使命,也是企业部门、科研院所部门的责任。以单一部门为主体开发人才明显具有很多不足,其中最重要的是人才难以适应社会经济需求,容易与社会经济发展实际情况相脱离。吴绍棠和李燕萍(2014)指出,要改变人才开发自我封闭的局面,需把人才开发置于教育、科技、经济相结合的大循环中思考,把产学研合作作为人才开发的一个切入点,为人才开发创造更广阔的空间。他们还进一步区分了三种不同的产学研层面的人才资源开发模式。

(1) 人才开发链条模式。在技术合作创新过程中,高校通过技术许可、技术授权与技术转让等形式,与企业在技术合作创新过程中是一种简单串联的合作关系,双方在产学合作中仅是知识的垂直传递,且主要是从高校部门向企业部门的单向流动,并没有发生知识扩散的交互作用。

(2) 人才开发中枢模式。在技术合作创新过程中,高校与企业间形成了知识扩散与组织学习的"叠"界面,即企业在高校现有技术研究基础上介入,而高校在提供必要的技术支持和服务后逐渐淡出。

(3) 人才开发网络模式。在技术合作创新过程中,高校与企业形成了知识扩散的"全"界面,即企业在高校仅有一定技术或技术能力的情况下介入,双方相互作用的界面不断向应用研究和基础研究方向移动。此时,高校与企业之间是一种交互形式的相互作用,双方在整个技术合作创新中进行了深度互动与平行工作。在这种知识聚集效应巨大的产学研系统中,整个技术合作创新过程提供了大量相互学习的机会,人才之间通过正式合作或非正式交流,随时随地进行知识转移与知识扩散。特别是知识交换在本质上内隐成分相当高,且有着以相同规范与文化为基础的诠释系统时,将会有效促进双方的交互式学习和创新,这就是人才开发网络模式。网络模式中,不同的节点——不管是人员、团队、计算机等节点都以各种方式联系在一起,并且可以允许人员自由开放的沟通、创意的持续流动。硅谷的人际网络模型就是这种模式的杰出代表。

5.1.3 人才资源开发的微观理论模型——学习理论

人才资源开发的微观理论模型的根本出发点是个人和组织发展。学习理论是探究人类学习本质及其形成机制的理论,学习理论是通过描述人类学习的类型、过程以及学习的条件,探究学习的性质、过程、动机、方法和策略等(莫雷,2007)。学习理论的核心假设为:个人的教育、成长、学习和发展都是有利于个人发展的;人才资源开发的主要目的是个人发展。个人应当得到全面发展,组织必须提供使人才自我提高和自我发展的途径(斯旺森,2008)。学习理论对于人才资源开发的方法、流程设计与实施具有重要的指导作用。学习理论包括两大传统理论体系:行为学习理论和认知学习理论。随着信息技术的发展,后来学术界又兴起了人本主义理论和建构主义理论。

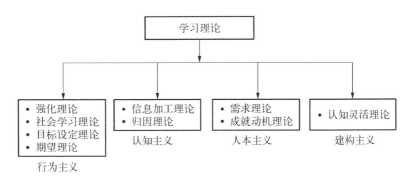

图 5-2　人才资源开发微观理论：学习理论

行为主义理论认为学习是通过引发行为的环境因素作用于学习者而导致的结果，促进学习的方法就是创造适合学习者的环境从而促进学习，形成了刺激-反应学习模式。班杜拉提出"人在社会中学习"的基本观点，有三种强化人学习的方式：一是直接强化，即对学习者做出的行为给予直接的正面或负面的刺激；二是替代强化，学习者通过观察其他人实施这种行为后所得到的结果来决定自己的行为指向；三是自我强化，参照的是自己的期望和目标。

认知学习理论强调有机体的学习是在大脑中完成了对于人类经验重新组织的过程，学习过程应重视学习者自身的建构和知识的重组，运用同化与顺应的方法有效促成学习者知识结构的建立。人本主义学派主张从人的本性、潜能出发去探究人的自我需要。人本主义认为人所表现出来的行为并不是靠刺激形成的，而是出于情感和意义的自主性行为。建构主义根源于认知主义，强调学习者是根据自己的经验为基础来建构知识，强调学习者对知识的加工。

上海要实现成为全球城市网络中的资源配置中心和创新中心、代表中国参与国际竞争的中坚力量、世界级城市群的核心引领城市等目标都需要强烈的人才资源开发措施加以支撑,因此人才资源的开发变得极为重要且紧迫。根据学习理论,人才资源的开发要遵从人才本身的需求和潜力进行开发,而并不是一味让人才去匹配环境和市场的需求。在上海发展全球城市的过程中,这个观念的误区必须首先更正过来,所谓"不拘一格降人才"正是从发展人的根本需求出发。目前上海存在的人才结构不合理等问题,其中一个重要原因是原来的人力资源开发思路过分重视产业环境和市场需求,由于对人才主体需求认识不到位,特别是高端人才的需求认识不到位,没有考虑人才发展的根本需求,导致人才资源开发的效率不高、效果不明显,难以满足建设全球城市的人才需求。

5.2 全球城市的人才资源开发与人才流动的关系

5.2.1 全球城市人才流动对人才开发的促进作用

根据人才流动的人才场论模型,如果某一地区能够为所需人才提供合适的环境,就会吸引人才流入形成人才集聚。人才集聚的效应之一是竞争效应,达尔文的生物进化论说明自然界生物的进化是一个优胜劣汰的过程。全球城市的人才为了争夺更好的发展机会或资源,都会不断进行自我提升来提高自己的竞争优势,竞争的结果是淘汰不合适的人才,剩下的优胜者就能获得更多的资源和机会,向更高目标层次去提升自我。而人才集聚伴随着物质资源、信息资源、人脉资源等有形和无形资源的集聚,这些资源的集聚进一步优化了全球城市人才开发的学习环境、竞争环境和创新环境。从知识本身的特征看,由于科学知识的"缄默"特征只能通过个体流动而实现传播和扩散,因此人才流动是知识流动的动力机制,人的流动常能在不同公司、部门、学术机构和国家间产生积极的知识溢出效应。通过人才流动,不同国家、不同学科领域、不同职业的人才之间通过正式合作或非正式交流,随时随地进行知识转移与知识扩散。根据认知学习理论,这种人才流动带来的知识溢出和扩散,通过编码、传递、形成新的经验等过程实现人才之间的认知学习和跨领域跨学科创新,特别是当知识交换在本质上内隐成分相当高,且有着以相同规范与文化为基础的诠释系统时,将会促进双方的交互式学习和创新,实现人力资本的增值。因此,全球城市通过推动国际留学、学术会议、跨国公司内部人才流动、科研人才和产业人才之间的双向流动等人才流动形式,可以促进全球城市的人才资源开发(如图5-3所示)。

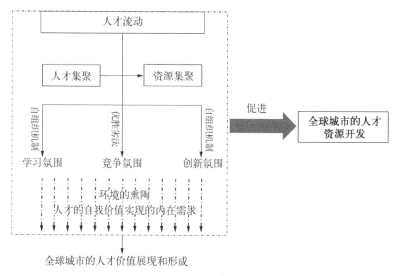

图5-3 全球人才流动对人才开发的促进作用机制

5.2.2 全球城市人才资源开发对人才流动的反哺作用

反哺效应取自动物学界,意为动物长大后将觅得的食物反馈给父母的现象。在全球城市人才发展过程中,也存在反哺现象。人才开发过程对人才流动起到了反哺效应。人才资源的有效开发是在全球人才流动中吸引人才、留住人才的关键,人才资源开发也是上海通过内生性人才培养应对人才短缺和全球人才竞争的重要手段。根据上一章提到的人力资本迁移投资模型,人才向全球城市迁移的收益主要包括由于边际劳动生产率提高带来的收入增加,由于更好的教育培训带来的人力资本投资效率提升,以及由于人力资本与全球城市高端要素之间的互补作用带来的人力资本价值增值。因此,国际高端人才的核心需求是在迁入城市中获得比原来城市更好的教育和成长平台以实现自身的人力资本开发和增值。相反,一旦国际人才认为在该城市中继续学习、工作和生活对于自身的人力资本的提升作用非常有限,就会形成对人才迁出的强大推力,造成人才流失。因此,人才资源开发对于全球城市的人才队伍建设来说不仅仅具有提升人才资源存量的意义,从全球人才流动的动态视角来看,哪一座全球城市能够提供更好的人才资源开发条件,就能够更好地吸引和保留精英人才,甚至实现人才的输出和全球配置。

另一方面,当前全球人才竞争进入白热化阶段,在国家层面和城市层面都出台了一系列的人才政策,大数据、物联网、人工智能、工业4.0等热门领域的人才遭到各国政府的争抢。从深层次的原因来看,全球人才竞争的加剧反映了高端人才供给远远难以满足世界经济发展的需求。因此,全球城市要在未来保持可持续发展,为自身的产业升级提供源源不断的人才保障,必须确立自身在人才资源开发上的主动优势。

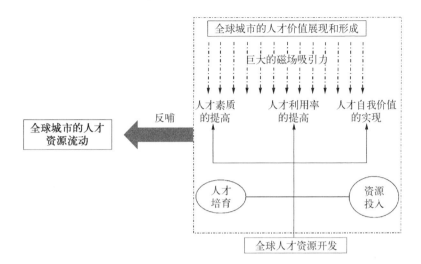

图 5-4 全球人才开发对人才流动的反哺作用机制模型

5.2.3 全球城市人才开发与人才流动交互作用模型

根据上述分析，全球城市人才开发和人才流动是相互影响相互促进的关系。全球城市人才开发产生的竞争效应、创新效应和学习效应使得人才的素质不断提升、人才利用率不断提高，从而促进人才自我价值的实现。在这个过程中，全球城市对外形成了巨大的磁力效应，无形中吸引世界各地的人才自发地流入，与此同时，世界各地最好的资源也被吸引到该地区，对全球城市的发展形成了良性的促进作用和协同效应。而这些人才和资源的加入，使得全球城市的人才发展环境变成更加优秀，又反过来促进人才成长和发展，进一步反哺人才资源的开发。人才集聚会形成知识外溢效应、规模效应、竞争效应、信息共享等效应，这些效应的产生有利于优化人才发展的学习环境、竞争环境和创新环境，与人才开发的磁场效应和协同效应共同形成了联动发展。

第五章 未来30年上海全球城市人才资源开发目标和基本思路

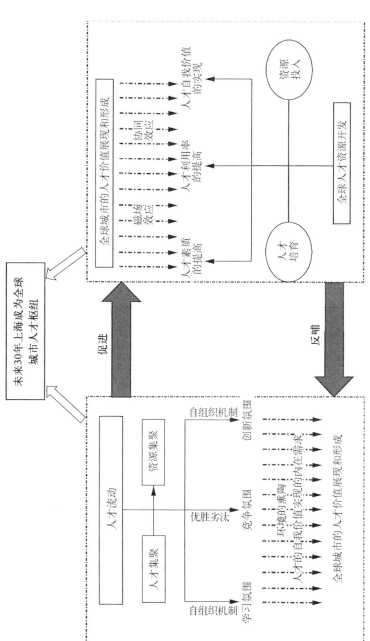

图 5-5 全球人才资源开发和流动的互动关系图

5.3 上海建设全球城市背景下人才资源开发的目标体系

优秀的多样化高层次人才的集聚是建设全球城市的关键要素。为实现创新型全球城市,国际化、多样化、高层次的人才是最终的操作者和实践者。与一般城市相比,全球城市如伦敦、纽约和东京,更多聚集了全世界范围内的顶级优秀人才资源,人才结构呈现高端化、国际化和年轻化的特征。一是高层次人才多,截至2018年全世界诺贝尔奖获得者共计888人,其中美国国籍共有364名,占比超三分之一。而反观中国,具有中国国籍获得诺贝尔奖的人只有2名。二是国际化比例高,根据2017年《全球人才竞争力指数报告》[1](GTCI)关于城市人才竞争力指数分析,在报告所涵盖的90个城市中,巴黎排名第9名、东京第12名、纽约排名第14名、上海排名第70名。三是青年人才多,硅谷创业者平均年龄是34.1岁,特斯拉、脸谱、Airbnb、谷歌等企业的创业者年龄均在21—34岁之间。目前,上海的人才无论是从总量还是从质量上来看,都远远不能满足构建创新型全球城市的需求。上海每百万人口中的研发人员为3 290人,这与国际先进水平还有一定差距,世界上每百万人口中研发人员最多的是芬兰,为7 094人,这就是为何芬兰每年在世界经济论坛发布的《人力资本报告》中在全世界各国"人才资本"的排名中都是第一名或者第二名的原因。高端的创新型人才不足是制约中国创新的瓶颈。因此,合理规划上海建设全球城市背景下的人才资源开发战

---

[1] 经济世界.INSEAD等:2018年全球人才竞争力指数报告(附相关报告)[EB/OL].https://baijiahao.baidu.com/s?id=15912609910924243 78&wfr=spider&for=pc,2018-02-02.

略目标变得至关重要。

5.3.1 上海建设全球城市背景下人才资源开发的战略阶段划分

目前学术界对人才资源开发提出了"三渠道"的观点(何见得,2002),分别是培养性开发、流动性开发和利用性开发。培育性开发是指根据系统所需要发展的目标,主动促进个体的培育行为,促进人才内生性发展与系统目标相匹配的过程;流动性开发是指开发主体主动吸引系统相对缺乏的人才,而有意识地过滤相对冗余的人才流出系统,同时防止系统所需人才的流失;利用性开发是指利用系统原本所具有的人才存量,去激发、调动人才的活力,提高人才的利用价值。根据把上海打造成全球人才枢纽和全球创新创意人才的发源地和输出地,最终形成全球创新人才网络的要求以及人才开发的"三渠道"理论,本文对上海建设全球城市背景下人才资源开发的战略阶段进行了划分。

第一阶段是以流动性开发和利用性开发为主,培育性开发为辅,目的是实现人才的自由流动和人才最大化的利用,对全球人才产生巨大的吸引力,通过引进海内外人才,以引进海外华人、留学生和跨国公司人才为主要目标,以人才吸引人才,努力搭建海外人才成长平台。探索并提供人才利用的有效途径,并逐步实现人才培养创新模式,形成"择天下人才而用"+"不拘一格降人才"的格局。

第二阶段是以培育性开发为主,流动性开发和利用性开发为辅,目的是建成全球创新创意人才的源头。希望未来的上海成为全球顶尖人才的原创地,进行国内精英人才的创新培养,努力实现创新人才的"自产自销",最后把上海打造成创新人才的源头,真正实现形成全球创新人才网络的格局(见图5-6)。

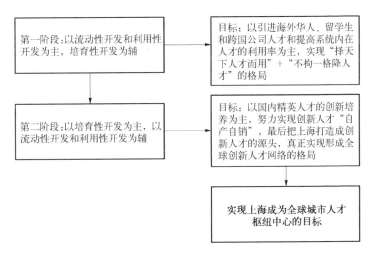

图 5-6 未来 30 年上海建设全球城市背景下
人才资源开发的战略阶段划分

5.3.2 上海建设全球城市背景下人才资源开发的目标体系

根据之前章节提出的上海全球城市发展战略,上海要成为全球城市网络中的金融资源、贸易资源、信息资源、人才资源、技术资源等资源配置中心,发挥全球城市的控制作用,在人才资源开发上首先要实现有效的本土高端人才培育,在世界城市人才网络中成为高端创新人才的重要源头,从而掌握人才资源配置中的话语权和控制权。

其次,上海要成为世界级城市群的核心引领城市,包括交通枢纽网络引领、产业转型升级引领、高端服务功能引领和生态环境治理引领,在人才结构上需要重点培育能够突破关键核心技术、发展高新技术产业的领军人才,具有全球战略眼光和管理创新能力的优秀企业家人才,以及科技金融、技术转移和人力资源服务、现代航运和贸易服务等专业性服务人才。同时在人才环境上需要形成能够引领全球城市发展潮流,适应当前全球人才竞争态势的事业环境、文化环境和社会环境。

最后,上海要成为代表中国参与国际竞争的中坚力量,包括连接国外国内市场的中坚力量和应对国际经贸和治理新规则的中坚力量,在战略新兴产业中培育国际竞争优势,需要在人才使用上不断完善人才管理、选拔和评价的体制机制,优化城市人才资源配置,使人才资源优势真正转化为产业竞争优势。具体来看,根据上海人才市场现状和上海建设全球城市的目标,本文提出如下人才资源开发目标。

1. 人才环境:打造全球性的人才资源增值平台

在当代经济全球化的背景下,要形成与全球城市相匹配的人才资源开发系统,前提条件是营造人才资源开发的良好环境,打造世界级的人才增值平台。在突出全球化、信息化的基础上,建构以服务经济为主的产业结构,推动创新驱动为主的发展模式,积极发展金融、贸易、航运等产业,加大创新力度,让城市成为创新的策源地。拓展人才发展平台,积极为人才施展才华提供更广阔的天地,重视用好张江综合性国家科学中心,积极打造研发与转化功能型平台,大力构建生态、生产、生活一体化,社区、街区、孵化区相融合的新型双创载体。让人才创业有机会、干事有舞台、发展有空间,在城市发展中实现和提升价值。另一方面,从塑造城市活力的角度出发,优化人才发展的社会文化环境,积极塑造上海国际大都市形象,营造海纳百川、争先创优的城市文化,积极培育鼓励创新、宽容失败的社会风尚,不断提升城市软实力。创造品质生活,大力提升城市生活的丰富性和舒适度,着力解决人才普遍反映的安居、子女教育、医疗等问题,让上海成为各类人才创新创业、实现梦想的热土。

2. 人才培育:使本土人才培育成为人才的主要来源,使上海成为国际一流创新创业人才的培养之地

在人才来源方面,通过边引进海内外人才边自己培养人才的

方式,以引进海外华人、留学生和跨国公司人才为前期主要目标,以人才吸引人才,努力搭建海外人才成长平台,以海外人才成长带动国内人才发展的目标,探索并逐步实现人才培养的创新模式,在此基础上进一步实现国际人才的本土化和本土人才的国际化。重视和提升国际化精英人才和高端人才的本土培养和创新培养,努力实现重要核心领域人才的自给自足,把上海建成全球创新创业人才的源头,从而有效应对国际上高端人才的有效供给不断减少问题以及日益激励的国际人才竞争。

3. 人才结构:优化人才存量结构,重点打造五类人才资源高地

上海市委书记李强指出,上海要形成门类齐全、梯次合理、充分满足经济社会发展需要的人才体系。上海的发展既需要金领、白领,也需要蓝领;既需要国际金融、航运、贸易等经济发展类专业人才,也需要文化、教育、卫生等社会事业类专业人才;既需要企业经营管理人才,也需要一线的高技能人才和社会工作人才。根据上述论断以及全球城市的发展要求,本文认为上海需要通过人才资源开发优化人才存量结构,重点打造五类人才资源高地。

第一类,以产学研一体化为核心,具有国际水平的战略科技人才、科技领军人才、青年科技人才和高水平创新团队。着眼于对接国家重大发展战略,从赢得全球科技创新和人才竞争的视角出发,在基础研究领域形成一批引领国际科技发展趋势、具有全球号召力的科学家;在应用研究领域形成一批能突破关键核心技术、发展高新技术产业的领军人才。力争打造一支能引领产业发展、抢占产业链高端和价值链顶端、适应产业能级提升的科技创新人才梯队。

第二类,具有全球战略眼光、市场开拓精神、管理创新能力和社会责任感的优秀企业家人才;善于把握创新创业机会、敢于直面风险、创造价值、引领风气的国际创客;有远见、通晓国际规则的高

端投资人构成的创新创业人才。这一类人才资源的开发需要依托各类创新创业载体(园区、苗圃、孵化器、加速器等),基于密集的模仿、复制、学习等创新活动,并且需要具有高度全球化背景的各类创新创业融资(天使投资、风险投资、私募股权投资、众筹等)作为关键的润滑剂和助跑器。

第三类,科技金融、技术转移和人力资源服务、现代航运和贸易服务等专业性服务人才。具体来看,这一类人才包括银行、证券、保险、信托、基金、期货、外汇、航运衍生服务、航运技术、航运经营管理、海事、船舶等领域的高素质、专业化、复合型人才和紧缺急需人才,以及商务研究策划、专业服务、高层次商务经营管理人才,国际贸易研究咨询、商业规划、展览策划、国际商务谈判、涉外律师、审(会)计、专业评估、电子政(商)务、商贸经营管理等国际贸易领域高层次人才。

第四类,结构优化、技能超群的创新型、复合型、智力型高技能人才。作为与生产实践联系最紧密的职业群体,高技能人才直接承接各种创造发明,具有在第一时间、第一现场发现和解决科技创新难题,把科技成果转化为现实生产力的独特优势,是上海建设科创中心的生力军,也是参与全球产业竞争的主力军。因此高技能人才也是上海建设全球城市的人才资源中的重要组成部分。

第五类,以世界一流的文学和艺术大师、文化创意人才、文化产业人才等为代表的人文艺术高端人才。这些人才主要用以形成作为全球城市艺术和文明贡献之源的文化创意产业集群(包括世界一流的文学作品和艺术作品)。文化是创意的核心来源,同时文化和艺术是形成创业氛围的关键手段。未来上海着眼于提升城市文化软实力、建设全球城市,需要重点培养一批富有创意、积极创业的文化创意人才,具有国际视野、勇于开拓的文化产业高级经营管理人才,业务精通、视野开阔的文化金融、文化科技、文化贸易人才。

作为五类人才的空间交汇点,上海将汇集科学研究人才、技术开发人才、创业者和投资人、高技能人才、人文艺术类高端人才等,针对全球城市的功能需求和发展战略,通过人才资源开发实现人才结构的合理优化,使上海成为创新人才的蓄水池、创新信息的集散地和创新创业资金的汇聚地,为上海建设全球城市奠定坚实的人才基础。

4. 人才机制:创新人才管理体制机制,实现人尽其才

能否通过高效、科学的人才管理体制机制,特别是人才选拔、激励和评价机制,让人才能发挥自己所长,实现自己的事业和抱负,是上海能够实现人才保留和人才资源开发的重要保障。进一步深化以"放权松绑"为核心的人才体制机制改革,向用人主体放权、为人才松绑,破除一切不利于人才发展的思想观念和体制性障碍。重点推进下放权力、放大收益、放宽条件、放开空间,努力把权和利真正放到市场主体手中,保障落实用人主体自主权,最大限度激发人才的创造力和热情,让各类人才的创造活力竞相迸发、聪明才智充分涌流。

在人才资源配置上,建立与国际接轨的供需机制、价格机制、竞争机制,充分发挥市场在人才资源配置上的基础性作用,进一步发挥市场机制在配置创新资源,促进人才、科技、资本的快速结合和高度融合等方面的基础性、根本性、持续性的作用。强化市场主体,特别是具有在全球配置资源能力的专业化的人力资源服务中介机构在人才资源配置中的作用。

在人才管理上,要按照全球城市的发展需要,进一步发挥上海深化"双自联动"改革、建设国际人才试验区的改革示范效应,建立一套顺应国际发展潮流、具有中国特色的充满生机和活力的人才管理制度,遵循人才资源开发规律,从重点领域、关键环节入手,开

创人才辈出、人尽其才新局面;要创新人才薪酬、管理、激励模式,促进人才与产业、科技、资本的深度融合。

5. 人才影响:以全球人才枢纽为中心建立辐射全球的人才网络

提高上海作为全球城市的人才影响力意味着强化城市自身在全球人才网络中的地位和作用。事实上,一个城市的地位取决于在网络中作为节点的价值,在于它与其他节点之间的相关性。当一个地点成为全球人才网络中的枢纽节点,全球人才枢纽因其所处的地位积蓄的巨大势能,产生强大的动能,进而对全球人才流动、配置产生巨大的吸引力、控制力,影响全球人才的集聚和辐射,并影响全球城市的地位提升,这就是全球人才枢纽和人才网络的核心功能。全球人才枢纽突破了人才流动原有垂直层级之间的壁垒,将多重层次汇聚于一点,使不同层面的资源避免逐级传递,直接将全球、国家、区域乃至本地的各项资源(尤其是人才资源)迅速地汇聚起来,也迅速地扩散到各个层面。这种情况下,与节点相联系的周边地区可以减少成本、缩短距离,更便捷地联通世界级城市群。

上海要构建辐射全球的人才网络,意味着要依靠内生增长和外生增长共同推进的策略来发展人才,提升人才竞争力,也意味着通过后续的努力,在不断扩大人才流动对外通路以及对内引入的基础上,做实做强人才节点,形成节点功能并不断提升能级,改变未来全球人才的流向、形成宏大的人才流,才能成为网络中各种流动的公共节点。

建立辐射全球的人才网络一方面有利于加强与整个全球人才网络的联系程度,能够为城市发展源源不断输送优秀人才,满足城市日益增长的人才需求,缓解人才短缺的问题,带来引领城市发展的知识、技术、创意、活力和激情,为全球城市的崛起提供支撑;另一方面,有利于城市在全球竞争中利用自身优势位置抢下先手棋,赢得竞争优势,引领未来发展。因此,建立人才网络和提高人才辐射效应对于上海构建全球城市具有重要意义。

5.4 上海建设全球城市背景下人才资源开发的实施路径

根据人才资源开发调控场理论可知,形成人才资源开发的实施路径过程其实就是明确人才资源开发系统的调控任务及完成这些任务的开发措施的过程。因此,第一是明确开发系统的目标,该部分已经在前文阐述。第二,明确完成任务的渠道。第三,明确完成任务所需的资源。第四,形成实施路径。

图 5-7 人才资源开发的实施路径图

5.4.1 "三渠道"的协调和确定

前文阐述过人才资源开发有三个渠道,分别是培育性开发、流动性开发、利用性开发,因此在人才资源开发的目标形成以后,我们需要通过流动、培养和利用环节的调整、优化,来形成人力资源开发的目的与效果。在"三渠道"协调和确定过程中需要注意以下两个方面:第一,"三渠道"存在"互补"性,由于主辅渠道之间存在相互影响和配套问题,所以在资源有限和时间压力的情况下,需要三渠道协调发展。根据两阶段目标体系的设定，第一阶段，以利用性开发和流动性开发为主，以培育性开发为辅，因此在这个阶段，系统所需要的实际功能主要靠外部人才资源的引进和内在存量人才资源的再开发和利用来满足，同时，系统内在冗余的资源需要有选择地排除在系统外。另外，在这一阶段需要更加防范系统内在存量人才的外流。第二，培养、流动和利用三者之间的组合和协调，要从成本和产生的潜力出发去考虑。根据人力资本投资模型，人才流动、人才利用和培育都需要成本。从成本角度考虑，在人才资源开发的第一阶段，在流动性开发和利用性开发两者中，应该以流动性开发为切入点，以利用性开发为重点去发展。流动性开发相对成本低，但是利用性开发潜力更大，只有利用性人才资源开发做得好，人才资源才能持续的流动并形成集聚效应。培育性开发是潜力最大，且成本最高的一种渠道。因此，在形成一定人才集聚格局以后，才开始进行充分地培育性开发。

5.4.2 "自组织"和"他组织"的选择

通过"三渠道"进行人才资源开发过程中，被开发的开发客体（人才）可以形成两种不同的组织——"自组织"和"他组织"，因此开发主体（城市）也就有了两种组织化的策略"自组织策略"和"他组织策略"。早在 20 世纪 60 年代末，德国理论物理学家赫尔曼·哈肯从组织进化角度把组织分为自组织和他组织。如果系统是靠外部指令而形成的组织，称之为他组织；如果不存在外部指令和压力，系统按照相互默认的某种规则，各尽其职而又协调有序地形成了组织结构，就称之为自组织。一般而言，系统自组织功能越强，其保持和产生新功能的能力就越强。选择"自组织"和"他组织"的策略的关键区别是开发主体是否需要去促进个体或群体充分发挥其主观能动性和创造性。由于主观能动性和创造性并非一定会形成有利于开发目标的形成,所以就不能断言一定是他组织不好或自组织好。开发主体选择何种策略需要权衡开发目标、成本、效率等因素。在选择何种策略之前,首先需要明确以下几个特征:(1)人类的启蒙和社会化过程都是以他组织形式为开端的;(2)为了使得"主观能动性"和"创造性"的结果符合开发目标,必须通过法律、规范等他组织的措施进行约束;(3)他组织和自组织是一种相对的策略,在人才宏观集聚过程中,是自组织在发挥主要的作用,但是局部方面也包括他组织的贡献;(4)人才资源开发实践结果证实,只有充分认可自己的工作、拥有创造热情且具有创造能力的人才能发挥其才干并为社会产生创造性的价值,而在这个过程中自组织是人才实现价值的必要条件。

结合人才资源开发两阶段战略目标,流动性和利用性开发更多依靠他组织策略,以制度保障、资金保障、信息保障、资源保障等外部条件来促进人才流动和人才利用率的提高,匹配适当的自组织过程。

而培育性开发需要依靠自组织的策略。人才资源是人力资源中高层次的那部分。哲学上认为人类素质中的核心以及人性的精华体现为自由行为及主体意识的表征。自组织性是人类发展和创造的基础。因此,在人才资源培育性开发实施过程中要特别做到以下三点:(1)自主性。培育性开发过程中特别强调人才自主性的培育和学习过程。自组织培育和学习可以激发人才的潜力,提高人才资源的实际功能与理论功能的吻合度。(2)开放性。自组织的本质是使人与系统内外进行精神、信息以及能量的交换,在这个过程中,开发客体(人才)可以全面、自主选择,实现自我体系建构和知识的更新,能力的提高,从而实现人才的真正价值。(3)超越性。在建立全球城市的人才资源开发过程中,要特别强调超越性。人的本性即立足于现实,又不满于现状,会不断追求自我。因此,自组织策略的建构过程中,需要着重培育超越性的特性。而超越性的建构需要赋予意识层面的渲染,因此"中国梦""中华民族伟大复兴"等方面的科学引导是极其重要且正确的策略。

5.4.3 人才资源开发措施的确定

根据人才场和人才资源开发调控理论,无论是自组织还是他组织行为,都是对环境场作出响应的一种表现。根据人才开发调控理论可知,可以通过开发调控对人才流动、培养和利用行为加以引导。因此,关于开发措施本文提出间接性开发措施和直接性开发措施两种方式。

1. 间接性开发措施

间接性开发措施是以引导为主,促使人才向自组织靠拢,响应自组织的需求,促使人才主动进行流动、自我提高。更多是形成自组织行为。间接性开发措施的关键是设置以认可、导向为核心的选择机制。该选择机制包括三个子方面:激励机制、竞争机制和评价机制。三个子机制并不是独立的,而是相互关联和影响的。选择机制要发挥最大的作用必须是三个子机制共同作用的结果;而子机制发挥作用的前提是人才对机制的响应度,响应度是以对人才的认可为基础的。

图 5-8　间接性开发措施的三机制

2. 直接性开发措施

直接性开发措施是落实到具体操作层面的措施,是通过规章制度、政策文件等信息直接规定个体的培育方式、人才吸引政策或人才利用手段。直接性开发措施既有他组织,又有自组织行为,往往通过示范效应或明确的措施步骤来形成培育开发、流动开发或利用开发。比如,晋升是一种培育开发和利用开发相结合的方式;挂职锻炼和轮岗是一种利用开发和流动开发相结合的人才开发模式。在制定具体开发措施的过程中要注意人才资源开发调控场的适合性,考虑调控背景和情景,并不一味依靠市场的力量,可以适当运用道德、文化、历史等情景因素,配备行政、市场的力量共同去开发。

5.5 全球城市人才资源开发的生态系统建构机制

为更好地实现上海建设全球城市背景下的人才资源开发目标,我们还应重点考虑人力资源开发过程中的人才生态系统问题。建构良好的人才生态系统对实现上海建设全球城市背景下的人才资源开发目标起到不可或缺的支撑和"背景场"作用,同时良好的人才资源开发的生态环境建设也是人才资源开发的更深层次目标,人才资源开发从本质来看有赖于人才资源开发生态系统的优化。

5.5.1 人才生态系统的建构

我国著名人才学者王通讯(2013)指出"一般而言,越是高级人才,对环境的要求越是高,越是苛刻。试想,把一头大鲸鱼引进一条小河沟,它能生存、生活下去吗?"由此着重提出了人才生态系统建设的重要性,认为人才开发要从生态视域出发,来推进人才工作的科学化。自然界生态系统中有生产者、消费者、分解者等,系统内部所有成员各司其职,常常能趋于一个稳定的生态位或竞合态势。一个城市的发展需要各类人才,各类人才的相互配合就形成了人才的生态系统。因此人才生态系统指的是人才与各类群体、自然环境、社会环境之间的相互适应和协调发展的关系,是由人才、政府、科研院所、公司等不同要素所构成,受时间、空间等诸多因素影响的复杂的生命系统。

1. 人才生态系统的构成要素

1935年英国生态学家坦斯利(A. G. Tansley)第一次提出生态系统,从系统角度研究生物与自然环境之间功能上的统一性。参考自然生态系统中生产者、消费者、分解者及自然要素的四大组织部分,人才生态系统组成部分可以分为人才要素和非人才要素,其中人才要素包括人才生产者、人才消费者和人才分解者;而非人才要素包括自然环境和社会环境。人才生产者中包括培训机构和教育机构,主要是对人才的培养和开发,目的是为系统输送人才,为系统提供知识和技能;人才的消费者是包括企业、科研机构、政府部门等,主要是对人才的有效利用,目的是利用人的知识和技能为系统创造价值系统;人才的分解者包括养老院、医院、中介服务机构等,主要是人才退出的载体单位,也是对人才的知识和技能进行维护和养护的地方。非人才要素中的自然环境包括空气质量、绿化、环境安全等;社会环境包括制度环境、文化环境、信息资源环境等。

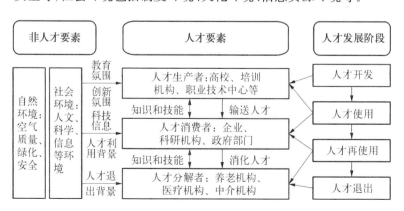

图 5-9　人才生态系统构成图

2. 人才生态系统的特征

人才是知识和技能的载体，人才生态系统的功能是将知识和技能在系统中进行合理开发和自由流动。人才的开发、使用、再使用和退出是完整的循环系统，通过该循环系统的运作机制，知识和技能可以进一步创造出对城市发展富有价值的贡献，从而有效实现人才资源向人力资本转换以及人力资本价值实现的良性循环。如图5-9所示，人才生态系统中的各个要素都为系统贡献自己的力量：人才生产者为系统提供知识和信息；人才消化者把人才的知识和信息转变为产品和服务，为系统产生具体的价值；人才分解者对知识进行维护和养护。相比于自然生态系统，人才生态系统有以下特征。

（1）涌现和自组织性

涌现，英文名称为emergence，意为整体大于部分之和，整体呈现比部分高出一个层次的特征。人是各种物质、能量和信息的集合体。创新活动需要综合各种知识，而转化为生产力需要组织各类知识。人才生态系统是由各种人才的子系统组成的，比如科技人才生态系统、服务人才生态系统等，各类人才生态系统的知识和技能都具有不同的特征，各类人才的子系统在同一个时空要素布局中建立了适宜的共享机制，使得不同子系统的人才能够在语言、行为、感知等多维度实现有机结合，使得隐性知识在跨区域、跨系统复合式情境下出现共享的涌现特征。

自组织特征是一个由无序转向有序、主动适应环境的过程。生态系统自组织性主要体现在生物自主适应自然环境，随着环境改变而变化。人才生态系统自组织性主要体现在通过对环境的改善、人才能力的提高，加上市场、政府的调控作用，加速人才的流动，从而进一步提高知识流通速度和科技成果转化能力。

（2）竞合共生性和动态性

自然生态系统符合达尔文进化论法则，人才生态系统同样遵循该法则。人才竞争包括横向竞争和纵向竞争。纵向竞争是人才自我发展的外在表现,是人才自我能力提升的需求反映。横向竞争是基于资源有限的前提下,为了获取更有利于自我发展的资源而展开的竞争。此外,人才会因为相互合作而产生共生现象,共生是不同类型子系统互利互益的过程。生态系统始终处于动态变化中,生产者、消费者和分解者之间的流动体现了动态性发展的格局,同时系统会经历培育与再培育、开发与再开发、流动与退出等动态阶段。

5.5.2 人才生态链的有效管理

自然生态系统中存在生态链,人才生态系统中同样存在生态链。生态链中有上下游区分,因此人才生态链中也存在上下游的人才区分。自然世界,龙跃云津,虎啸高山,不同类型的人才也拥有不同的价值,以不同的方式服务社会。人才生态链管理首先要明确各类人才的生态位。王通讯(2013)提出人才生存不宜类别失衡,同时人才引进不能生态错位。最近,"人才帽子"现象为社会所广泛关注和诟病。而"人才帽子"泛滥的一个很重要的原因是人才生态的失衡,一味单纯追求高精尖人才,盲目地追求所谓的"高层次人才""重量级人才",导致即使高精尖人才很有能力和才华,缺少其他生态位的人才协助和配合,也无法发挥有效作用。该现象的实质是未从人才生态系统良性发展的角度出发思考需要引进什么类型的人才。

1. 人才生态链形成的内在机理

人才生态链是指在人才生态系统中各个人才种群,按照生产者、消费者和分解者的关系分别处于人才链条的不同节点上,并按照生态链运作规律进行价值传递。人才生态链是由多个不同层次的人才种群为获取共享收益而结成的同盟关系,其中人才种群间有序或无序的结构状态决定了人才生态系统的创造能力。人才生态链形成的根本动力是人才生态链上各个种群的自我完善和发展的要求。在自我完善和发展的过程中,人才会利用人才生态链的整体优势,从而使系统总体上形成涌现的特征,即整体发展的价值远远大于单个个体的发展。

人才生态链形成的核心是围绕人才群体中创造价值最高的种群不断演化而实现发展。核心人才对人才生态链的形成至关重要,因为核心人才对同类人才和上下游的人才具有强大的吸引力和号召力。他们成为群体发展的基础和凝聚力,带动上下游人才向其靠拢,大大提高系统对人才的吸纳能力,并通过衍生、发展与扩展,形成更大范围、更大规模和更大影响力的人才布局(图 5-10)。

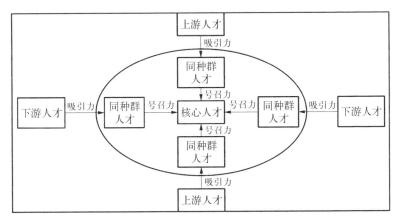

图 5-10 人才生态链的形成示意图

2. 人才生态链的管理

人才生态链的管理目标是生态系统朝着良性有序的方向发展。而生态系统的良性发展则需要各人才种群之间的相互依存、共同进化和协同发展。因此,人才生态链的管理目标关键不是人才个体的发展,而是对生态链的整体管理,以确保生态链的价值传导高效便捷、种群人才之间协作顺畅。如果一味追求高精尖人才,而缺乏基础配合的下游人才,高精尖人才的价值就无法得到充分发挥,人才就很可能会形成流失等不良后果。因此,人才生态链管理的主体不是企业也不是人才个体,而是各个人才种群的同盟组织。例如,政府部门的各类柔性人才引进办公室、企业首席人才考核小组等组织形式。

人才生态系统管理方法可以有以下三类方法:① 系统结构优化管理;② 共享收益分配管理;③ 大数据评价机制管理;④ 非人才因素优化管理。

系统结构优化管理是指在人才生态链上协同调控各人才种群的目标动机和行为倾向,配置互补型人才,以形成生态链上最佳的年龄结构、专业结构、能力结构、层次结构等,从而使生态链上各人才种群之间能够相互取长补短、兼容互益、协调有序,进而产生群体创造力合力的最大化,促进人才生态链的动态协同发展。

价值共享要解决的根本问题是人才价值共享的动力问题,这就涉及共享收益分配机制的设置。所谓共享收益分配管理主要是指依据价值贡献大小,通过公平、合理地分配共享收益和共享成本,激励人才生态链上所有人才种群进行价值共享。

大数据评价机制管理是借助人才大数据,对人才生态系统设置科学的评价指标,对人才生态系统各种群的人才总量、人才类型、人才绩效、人才价值实现进行动态监控、跟踪和动态调整。

非人才因素优化管理是人才生态系统建设不可或缺的基础性促进功能。非人才因素优化管理则是针对人才生态系统中自然因素和社会因素的优化管理,是在人才生态系统发展内外部环境科学评估的基础上,通过科学规划、政策制定等手段,从整体上改善人才成长、发展过程中的自然环境、制度环境、市场环境、成长平台、创新载体和人文环境。

5.5.3 人才良性循环机制的建立

人才循环机制是从人才种群发展的微观层面出发，不同人才种群之间实现人才、资本和其他要素资源的良性循环。例如，硅谷引领全球创新发展的基础是硅谷实现了人才、资金和其他要素之间的良性循环机制，实现了创新人才、创业人才、投资人才之间的高效动态转换，使得硅谷在高科技领域保持持久的创新能力。

1. 人才良性循环机制特征

人才循环有两个典型特征：一是内生性，即这种循环是在人才生态系统内部自发实现的，具有内在的驱动力和运行机理。二是可持续性，在循环中不断实现从创新创业人才研发成果实现到天使投资人（风险投资家）投资行为再到价值分配的动态发展。通过不断的人才循环，不仅实现了人才自身积累的知识、技术、资本、人脉等资源要素的利用和再利用，而且有效促进了技术创新和商业模式创新，同时资本等要素在循环的过程中也实现了增值，这是人才循环机制得以持续的重要驱动因素。从本质上来说，人才循环是通过要素的优化组合以促进人才生态系统的活力提升，从而更好地实现价值增长。

2. 人才良性循环机制的外延

人才循环机制的形成有利于提高人才生态系统的人才利用效率，提高系统内知识和技能的有效转化。例如，硅谷的人才循环机制有利于把创新人才转变为创业者、企业家和天使投资人，从而推动高科技人才资源转化为硅谷的产业优势。在人才类型中，高层次人才循环是经济要素大循环的核心内容，是实现新经济增长模式的重要力量。高层次人才循环能够创造更大的溢出效应,实现系统之间的辐射效应,而且能够吸引全球顶尖人才资源向该生态系统集聚,使该生态系统形成在全球和全国范围内整合资源的大循环。

3. 人才良性循环的动力机制

比较硅谷和中关村的创新能力,硅谷地区专利授权量远低于中关村,但是其科研成果转化率达到了80%左右,而中关村只有25%左右,从而实现了更高的转换效率和价值,究其原因主要是两个人才生态系统的人才循环的动力不同。就本质而言,循环的深层次和关键影响因素是鼓励创新、包容失败的文化氛围。中关村在创业基础设施方面已经很接近硅谷,但是创业成功率却远落后于硅谷,核心原因是目前中关村还没有形成硅谷"勇于冒险、包容失败,鼓励创新,追求卓越"的文化氛围。

第二个人才循环的动力机制来源于人才循环的关键节点。推动人才循环,必须在人才循环的关键节点上破除体制、机制和政策方面的障碍,激发人才循环的内生增长动机,探索创新人才向创业人才转变、创业人才向投资人才转变的新模式。

第六章

未来30年上海全球城市人才枢纽建设对长三角城市群辐射作用分析

6.1 上海全球城市人才枢纽对长三角城市群辐射的重要意义

　　区域合作是实现地区快速发展的一个重要趋势以及社会经济发展的重要推动力。近期,由三省一市人员组成的"长三角区域合作办公室"的设立意味着长三角一体化工作迈出的一大步,对加快推进长三角一体化发展的大势具有积极的意义,体现出长三角城市群以一体化的创新突破,更好地服务全国发展大局、参与全球合作竞争的强烈意愿。

　　新时代,长三角一体化发展已经进入最有利的窗口期,在建设社会主义现代化强国的新征程中,在建设世界级城市群与全球城市的国家战略下,上海乃至长三角都将承担更多的引领带动作用。上海正在努力建设成为具有影响力的全球城市,带动辐射功能是上海的重要功能,在长三角一体化发展中,上海需要发挥"龙头"的作用,在服务国家战略中构筑发展新优势。

第六章 未来30年上海全球城市人才枢纽建设对长三角城市群辐射作用分析

1. 人才辐射是体现上海长三角城市群辐射源城市定位的核心功能

人才辐射有利于巩固上海"城市群发展辐射源"的城市定位。上海在长三角城市群中具有经济、要素、区位、产业、创新等多方面显著的中心优势,是长三角城市群中重要的辐射源。依托上海的产业链拓展、服务输出、技术溢出、文化传播等机制,借助上海的高铁通道、航运通道、信息港通道等辐射通道,将产业、资本、技术向长三角城市群辐射,从整体上带动长三角城市群的一体化联动发展。人才作为产业、资本、技术的主要物理载体与运营者,其人力资本、智力资本和关系资本是推动其他形式辐射的重要基础,因此人才辐射伴随着产业、资本与技术辐射而存在,是巩固长三角城市群发展辐射源地位的基本保障。

人才辐射有利于巩固上海"科技创新集散地"的城市定位。上海作为科技创新集散地,将推动诸多重要科研成果的集成并通过产品形式向长三角城市群发散。重大科研成果的研发创新不可能仅依靠一个城市的资源与力量,而是需要集聚区域内各个城市的力量与资源,依据比较优势,共同探索创新之路,从而推动整个区域内的技术升级与创新发展。无论是科技突破还是研发创新,都需要匹配的人才资本,因此需要在区域内优化配置人才资源,提升资源开发的效率与效果,服务区域整体科技创新的规划。

2. 人才辐射是发挥上海在长三角城市群中作用的重要抓手

人才辐射有利于上海发挥"龙头作用"。上海的货物流、人客流、技术流、信息流、创新流、金融流等"流体推动力"对长三角区域一体化建设具有重要的影响。上海应充分借助这一股"流体推动力"加速长三角城市群的发展,确保自身的龙头影响力,否则上海可能面临失去影响力的危机。在这一股"流体推动力"中最重要也是最核心的就是"人才流",在最大化确保"人才流"本地属性不变的前提下，提高"人才流"的柔性流动速率与范围，从而进一步加大自身的"龙头作用"，提高"人才流"柔性流动的影响力。

人才辐射有利于上海发挥"引领作用"。上海将致力于始终保持处于发展前端、科技前沿与文化前哨的追求，这也是上海"引领作用"的重要源动力。但是，另一方面，随着长三角城市群其他城市的快速崛起，尤其是互联网经济的推动，例如杭州等城市正在兴起，这也加大了上海在区域合作中的引领作用发挥的压力，特别是近期全国范围内人才争夺战的打响，上海正在面临着长三角兄弟城市乃至全国范围内人才竞争的威胁。此外，与上海接壤的周边城市，同样面临着产业升级的问题，上海对其辐射不能仅依赖简单的产业转移，更多的是需要通过市场机制形成产业链、创新链和价值链的整合，在这过程中，要稳定和加强上海"引领作用"的优势，就需要充分发挥人才链的作用，以人才链引领产业链和创新链，管控和优化价值链。上海通过强化人才柔性辐射的运作机制，加强其他城市对上海人才辐射的依赖程度和良性互动幅度，同时进一步巩固和加强上海的"龙头"地位和"引领作用"。

3. 人才辐射是承载上海在长三角城市群中功能的核心举措

人才辐射有利于承载上海服务经济的"聚散功能"。在服务业经济新形态下，服务的形态、方式与流动路径都发生了重要的革新，更多的是承载着服务经济的"聚散功能"。在"服务经济"时代，特别是专业服务业，将更多地依附于专业服务人才，例如金融业、咨询业、信息服务业等，服务经济的"聚散功能"则需要通过服务人才链将服务内容与上下游产业链接起来，从而形成完整的产业链、创新链、价值链、资金链的闭环运行，从而有效发挥"上海服务"的辐射作用。

人才辐射有利于承载上海全球创新的"引擎功能"。尽管创新创业的热潮遍布整个长三角城市群，但是未来随着创新创业的不断发展与普及，创新创业的业态也将发生了质的变化，未来系统性创新、网络化创新创业将成为"双创"的新的增长极。全球创新的中心节点主要集中于大都市，尤其是区域性中心城市，在上海建设全球城市过程中，加强其在全球创新网络中的引擎功能至关重要。因此，这就需要上海充分发挥人才辐射作用，促进和推动创新人才在区域中的充分流动，提高人才资源的开发效率与效益，最大化地实现科技创新和发展。

6.2 上海全球城市人才枢纽对长三角城市群辐射机理研究

要深刻地理解上海作为长三角城市群乃至全球人才枢纽的人才辐射机理，首先要从经济学原理出发，解读人才辐射的经济学理论基础，随后对人才辐射过程中的特征及实现路径进行深入地系统分析，从而阐述人才辐射背后的理论机理及逻辑。

6.2.1 对长三角城市群人才辐射的经济学原理分析

各类资源在市场中自由流动，不断地从效率较低的地方向效率较高的区域流动，从而实现帕累托最优。人才资源作为市场经济发展中的关键资源，其配置方式将直接决定区域经济发展的走向，也在一定程度上符合市场经济的原理，即通过合理流动，在一定区域内实现最优化配置。与此同时，人才辐射也会为人才辐射地以及人才原属地经济效应带来新的变化，当这种人才辐射促进了当地经济的发展，我们则认为这种辐射促进了当地经济的发展，带来了正向效应。我们将通过两个地区人才辐射的简单模型来说明人才辐射的正负效应的经济学原理。

从现代经济学的视角来看，一种资源在市场中进行自由配置，若供需双方达成均衡，则该资源就得到了有效的利用；反之，则存在效应的损耗，可以通过进一步的优化，提高资源的配置效率。人才资源的配置也同样符合这一经济学原理。

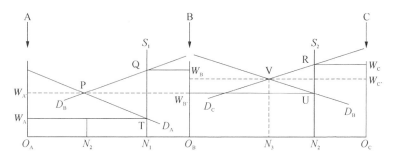

图 6-1　多地人才流动的经济效应分析

假设人才资源可以在各区域内自由流动，不受到任何制约因素的限制。横轴 O_A、O_B、O_C 分别代表人才资源的数量，A、B、C 三个纵轴则分别代表着人才辐射的三个地区的资源报酬率。D_A、D_B、D_C 分别是某类人才需求曲线，S_1、S_2 是人才短期资源的供给曲线。

由于 A、B 两地不同的资源报酬率的影响，人才资源能够在 A、B 两个地区之间自由流动，且人才资源肯定从 A 地流向 B 地。当人才资源从 A 地流入 B 地时，该类人才供给从 N_1 下降到 N_2，造成其产出减少 N_1TPN_2 围成的面积 Q_1。对于 B 地区而言，该类人才的供给则上升到 N_2，人才资源增加的规模效应导致其产出增加了 N_1QPN_2 所围成的面积 Q_2。人才辐射使得社会总产出增加了 TQP 所为成面积 Q_3。与此同时，B、C 两地，由于受到 B、C 两地区不同报酬率的影响，人才将会从 B 地流向 C 地，此时 B 地区人才流入到 C 地区，B 地区人才供给从 N_2 下降到 N_3，造成产出

减少 N_2UVN_3 多围成的面积 Q_4。同时,对于 C 地区,该类人才的供给由 N_2 增加到 N_3,导致产出增加 N_2RVN_3 所围成的 Q_5,社会总产出增加 URV 围成的面积 Q_6。

接下来,分析一下人才流动的社会效应。对于 A 地区而言,作为人才单向流失地,由于人才流失造成损失未得到补偿,属于人才辐射负的社会溢出效应;对于 C 地来说,作为单向的人才流入地,由于吸纳了高层级的人才,人才流动产生了正向的社会溢出效应。对于 B 地区来说,人才资源发生了双向流动,既有人才流入又有人才流出,$Q_2 > Q_4$,人才流出得到补偿,经济产出将会有所提高,人才流动产生正的社会溢出效应,反之则是负的社会溢出效应。

从整体区域来看,人才辐射与流动使的 A、B、C 三个区域总产出增加了 $Q_3 + Q_6$,由此可知,整个区域而言,人才流动有助于人才的优化配置,其溢出效应将有助于提高整个区域的社会经济总效应[1]。

6.2.2 对长三角城市群人才辐射特征分析

随着区域经济一体化趋势的不断发展,区域内城市之间发展的系统性与关联度也在不断地增强,上海市不可能完全限于自身的独立发展,而是需要通过人才辐射等方式与周边长三角城市群城市发生各种连接关系。在借鉴夏琛桂(2008)关于人才共享特征阐释的基础上,本文提炼出上海市对长三角城市群人才辐射的主要特征可以总结为以下方面:

---

[1] 概念改编自:夏琛桂.我国长三角都市圈人才集聚、扩散与共享的模型和机制研究[D].上海交通大学,2008.

人才的链条化辐射。为了实现城市发展的竞争优势,城市主导产业必须实现产业的规模效应,通过向产业链上下游延伸,发展与主导产业配套的产业群与产业链条,这也是区域发展的主导方针。产业链条的延伸必定会带来与之匹配的各类人才需求的链条化发展。这种链条化的人才需求要通过与产业链的匹配程度来衡量。因此,就需要培养不同专业技能的人才,并使得各类人才在整个需求链条上有序动态流动,才能满足产业发展的内在需求。人才的链条化辐射是人才辐射的主要特征之一。

人才的市场化辐射。随着我国市场化建设的不断深入发展,政府的角色也正发生着诸多的变化,更多地为经济社会的宏观管理和服务型政府转变,政府为人才市场化流动与配置提供了相关的规划、管理和服务。在人才配置上,市场逐渐发挥着主导作用,并且伴随着政府简政放权的落实,人力资源服务中介组织和企业将更多地扮演着人才资源流动、开发、培养与使用的主体角色。

人才政策的柔性化辐射。区域经济的发展逐渐突破了传统的行政边界的束缚,区域城市的合作也由浅入深,从单边到多边,跨区域的经济协同发展将有力地推动区域经济共同体的形成。在这一进程中,人才资源规划的区域化协同也将成为主要特点之一,即为了寻求比较优势,各地会按照自己的优势产业,形成错位竞争的发展格局,从而在人才的引进、培养与开发过程中,也将出现长三角各城市之间差异化协同发展的趋势。

人才的柔性化辐射。所谓"柔性化辐射"是指人才流动打破了传统的户籍、档案、身份等传统人事制度的束缚,在不改变人才与原籍单位隶属关系的前提下,人才以兼职、租赁、咨询顾问、提供服务外包、战略性合作等方式进行智力资本输出。这种方式能够有效地开发现有人才的价值,充分实现人才的智力资本流动。近年来,随着信息通信技术以及市场经济的不断发展,人才资源的柔性流动和虚拟流动呈现出常态化的趋势，长三角城市群区域各城市也纷纷打出了人才柔性化流动的旗帜，吸引更多更优秀的人才为本地经济的发展贡献智力支持。

6.3 上海全球城市人才枢纽对长三角城市群辐射模型构建

通过上述现状及机理分析，可以看出全球城市人才辐射是一个系统化的工程，需要进行精心的统筹设计与规划。人才辐射是伴随着人才集聚发生的，当人才集聚到一定程度，人才辐射开始形成，并伴随着集聚程度的提高而不断加剧。在人才辐射过程中，伴随着产业链、资金链、知识链的转移，从而实现区域内最优配置与资源的充分共享。本研究将构建一个中心城市向周边城市人才辐射的模型，从战略、内容、载体、要素等多个维度解释辐射机制。

通过图6-2系统模型图可以看出，"人才辐射"不是单独存在的，人才辐射伴随着区域中心城市的战略布局、内容层的产业投资、载体层的载体主体以及要素层的关键要素的辐射持续发挥作用，由此形成了一个集区域战略、内容、载体、要素、人才于一体的系统结构。在这一辐射结构中，人才是其他层辐射能够发挥作用的基石，并通过人才的辐射而发挥着作用，其逻辑关系如下：中心城市依据国家总体战略布局与本市战略规划，确定其在区域中的战略定位及功能作用，制定相应的区域合作发展的方针，依据相关方针，中心城市制定产业、投资、服务等内容上的合作政策，并确定合作的载体与形式，包括共建园区、总部经济或联盟等其他合作形式，从而将科技创新、金融及管理经验等要素向周边城市输出，从而实现产业溢出效应。在这个过程中，人才柔性溢出与辐射是保障整

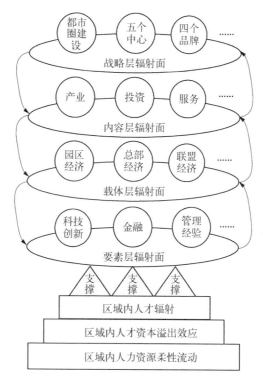

图 6-2 人才辐射系统模型

个辐射系统得以实施的基础环节,只有通过人才的溢出,将内隐性的专业知识与技能向外柔性输出,才能确保其他辐射形式落地。

6.3.1 战略层面的辐射

面对新时代推动高质量发展、创造高品质生活的内在要求,上海不仅要从全新的全球竞争态势以及提升自身城市竞争力、吸引力和创造力的高度出发制定一系列战略决策,同时还要主动承担"国家中心城市"的责任与使命,大力提升上海"向外"辐射能力,通过辐射和服务周边城市,带动区域经济的整体发展,打造区域发展新格局,推动形成全面开放、协同发展新格局的形成。

1. "长三角地区高质量一体化发展"呼唤上海辐射力升级

2018年6月1日,长三角地区主要领导座谈会在上海召开,会议审议并原则同意《长三角地区一体化发展三年行动计划(2018—2020年)》(以下简称《三年行动计划》)和《长三角地区合作近期工作要点》。本次会议通过学习习近平总书记的最新重要指示精神,统一共识、聚焦聚力,为进一步发挥上海龙头带动作用,努力促进长三角地区率先发展、一体化发展打下良好的基础。会议一致认为,长三角一体化发展要提高展位、认清使命,按照实现长三角地区更高质量一体化发展的新战略定位要求,推动经济发展质量变革、效率变革、动力变革,增强长三角经济创新力和竞争力,更好引领长江经济带发展,更好服务国家发展大局。

《三年行动计划》中进一步指出:"到2020年,长三角地区要基本形成世界级城市群框架,基本建成枢纽型、功能性、网络化的基础设施体系,基本形成创新引领的区域产业体系和系统创新体系,绿色美丽长三角建设取得重大进展,区域公共服务供给便利化程度明显提升,全国新一轮改革开放排头兵地位更加凸显,更加有效的区域协调发展新机制基本建立,在此基础上,再经过一段时间的努力,把长三角地区建设成为全国贯彻新发展理念的引领示范区,成为全球资源配置的亚太门户,成为具有全球竞争力的世界级城市群。"

在论及沪苏浙皖的地区分工时,会议指出:"要加强协同、抓好落实,上海进一步发挥龙头带动作用,苏浙皖各扬所长,有关部门大力支持,凝心聚力抓好各项任务的落实,不断把长三角一体化进程引向深入。"出席会议的三省一市的主要领导均表示,上海的龙头作用不可替代,"龙头"更需要发挥带动、辐射作用,着眼于辐射未来集聚城市群的力量,从一般意义上的吸引和集聚向具有强大现代服务能力的辐射升级,是长三角一体化发展中上海"龙头带动"的重心所在、使命所系、各方所盼。为此,《三年行动计划》提出了覆盖12个合作专题,进一步聚焦交通互联互通、能源互济互保、产业协同创新、信息网络高速发展、环境整治联防联控、公共服务普惠便利、市场开放有序等7个重点领域,形成了一批项目化、可实施的工作任务。

2. "大上海都市圈"战略对上海辐射力提出了新的要求

《上海市国民经济和社会发展第十三个五年规划纲要》(下简称《纲要》)明确指出要"坚持深化、放大、提升、搭台,共同推动长三角城市群转型升级……打造大上海都市经济圈,推进养老、医疗、教育和旅游等跨区域合作"。近期发布的《上海市城市总体规划(2016—2040)》同样指出:"上海作为长三角城市群的核心城市,要突出上海区域引领责任,强化上海在金融、贸易、航运、文化和科技创新等方面的功能引领性,增强上海对区域的辐射带动作用为贯彻落实国家战略和要求,并实现上海全球城市发展目标,将在交通通勤、产业分工、文化认同等方面与上海关系更加紧密的地区作为上海大都市圈的范围,形成90分钟交通出行圈。""大上海都市圈"建设的核心在于发挥上海在区域建设中的龙头作用,强化上海在主动服务"一带一路"建设、长三角城市群发展等重大战略,在深化自由贸易实验区改革上的新作用,在带动"一带一路"、长三角城市群、上海自贸区改革上的新使命。

3. "五个中心"建设战略对上海辐射力给出了功能性定位

根据十一届上海市委三次全会确定的路线图,上海将加快推进国际经济、金融、贸易、航运、科技创新"五个中心"建设,着力构筑上海发展的战略优势,全面做好稳增长、促改革、调结构等各工作,保持经济社会持续健康发展。"五大中心"将着重着眼于内涵提升,通过进一步的改革、开放和创新来获取新竞争力。在"经济中心"建设方面,充分发挥上海在经济发展与要素市场等方面的比较优势,在创新驱动、结构调整、产业升级方面做好"三个服务",尤其是要加强服务于长三角产业合理布局和整体竞争力的提高;在"金融中心建设"方面,上海将为长三角城市群乃至全国提供全方位、高水准的国际化金融服务;在"贸易中心"建设方面,上海充分利用自贸区试验的契机,为更大区域范围内的城市国内外贸易提供更好的条件和环境;在"航运中心"建设方面,充分发挥航运和航空两个"国际枢纽港"的作用,服务于整个长三角乃至全国的长三角组合港建设;在科技创新中心建设方面,创造更多可复制、可推广的经验,为推动长三角地区乃至全国经济高质量发展提供服务。

4. "四个品牌"建设战略对上海辐射给出了内涵性规定

2017年底,上海市委提出要"构筑四个方面优势,打响四大品牌",其中,四个方面优势之一就是彰显上海的功能优势,服务全国大局,通过辐射带动区域经济发展,促进长三角区域整体竞争力提升,为全国经济发展增添强劲动力;四大品牌则包括了"上海服务""上海文化"等品牌,上海品牌建设的重点就是通过强大的服务能级,在长三角区域、全国乃至全球范围配置资源,为全国范围更大范围的企业和人群服务,辐射周边城市乃至全国全球。"上海文化"则是指上海拥有的独特的红色文化、海派文化等历史文化底蕴。上海试图通过制度环境的营造,激活上海"文化码头"的集聚和辐射作用,激发上海"文化源头"的创新创造能力。

6.3.2 内容层面的辐射

1. 产业辐射

一方面,随着上海各项生产要素成本的持高不降、土地资源紧缺困境等制约因素的影响,上海制造业对外转移趋势明显,由此带来的产业辐射能力也持续加强,另一方面,上海出于对提升资源使用效率、强化城市核心功能的需要,将会逐步疏解城市非核心功能,从而实现"研发在上海、生产在外地"的目标,这对期望承接上海产业转移的城市来说,是一个利好消息。上海非核心功能产业疏解工作的逐渐落地与实施,势必会对长三角地区的部分城市产业发展带来一定的辐射作用。

除了承接部分上海疏解的非核心功能产业外,长三角其他城市还可以主动接受上海科技创新带来的辐射红利,推动本市软件与信息技术服务与上海对接,加快软件开发与贸易物流、制造生产、金融投资等领域的融合发展,推动大数据、云计算、物联网等新兴产业的速度发展。

2. 投资辐射

一直以来,长三角地区都是上海企业进行投资的首选区域,通过这种企业间的投资推动了上海与长三角城市群的联动发展,形成了独特的经济共同体与辐射特点。在这一过程中,上海通过企业对外扩张发展的路径,对外进行资本、技术、信息、管理等优势的输出,强化了上海中心城市的辐射与带动功能,推进长三角地区经济一体化发展,另一方面业也推动了上海经济腹地的拓展。

但是,新时代上海投资辐射不能仅仅停留在上海企业对长三角城市群的投资,上海投资辐射的更多红利应该体现在长三角地区企业主动参与到上海企业在"一带一路"倡议背景下"走出去"投资活动中,借助上海企业的大船出海投资。上海企业"走出去"步伐一直在加快,一批重点项目在"一带一路"沿线国家(地区)落地生根。2015—2017年上海企业在"一带一路"沿线国家(地区)投资项目达到246个,实际投资额达54.9亿美元,年均增长近1.6倍,承接重大工程3 019个,累计合同额达217亿美元,年均增长

9.4%,贸易额突破5 000亿元。上海已经与19个沿线国家(地区)建立了经贸合作伙伴关系,上海进出口商会与沿线92家商协会和企业成立了"一带一路"贸易商联盟,为企业搭建了合作平台。经贸规模也在持续增长。2017年1月—8月,上海与沿线国家(地区)贸易额达到4 295亿元人民币,同比增长21%;新签对外承包工程合同额19.3亿美元,占全市的比重已达到67.3%。上海在推进"一带一路"倡议过程中,已经打造了"平台建设"、产业"走出去"、制度建设三大"着力点",这也为长三角城市企业走出去提供了便利条件。

3. 服务辐射

打响"上海服务"品牌已经成为上海各行各业的共识与行动,根据《上海市服务贸易创新发展试点实施方案》(下简称《方案》),上海将做强一批运输、旅游等传统领域的龙头企业,做大一批文化、中医药等特色领域的中小企业,做新一批技术贸易、服务外包等优势领域的出口型企业,做活一批人力资源、咨询服务、会计法律等潜力领域的高附加值企业,以培育一批具有跨国经营能力、较强国际影响力和竞争力的品牌企业为核心,从而使本市服务贸易规模继续保持全国领先地位。根据《方案》要求,上海将充分发挥自贸试验区制度创新优势,稳步推进金融、教育、文化、医疗、育幼养老、建筑设计、会计审计、商贸物流等行业对外开放;积极探索信息化背景下服务贸易发展新模式、新业态和新领域;鼓励依托云计算、大数据、移动互联网等新技术,推进服务贸易交付模式创新,全面提高服务的可贸易性;大力发展医疗旅游、在线教育、远程中医服务等新业态,推动传统服务贸易领域的转型升级等。长三角城市群城市地处上海服务辐射半径之内,与上海具有文化与经济上的双重联系,主动接受上海服务辐射,为提高自身的产业发展与升级提供必要的服务支撑。

6.3.3 载体层面的辐射

1. 园区经济辐射

《纲要》还指出要"加强与长江中上游地区产业合作,搭建跨区域产业合作平台,探索共建产业园区,促进沿江产业合理布局和集群化发展……探索跨区域产业园区共建、企业兼并重组、股份合作等方式,共同打造若干规模和水平居国际前列的先进制造业产业集群"。通过建设产业园区的方式推进制造业与服务业发展,是实现长三角经济带协同发展的重要模式。产业园区模式不仅能够为制造业发展提供必要的基础设施,同时还能带动上海周边城市产能、资本、技术的辐射,为当地带来较好的经济与社会效益。

2. 总部经济辐射

总部经济是一种能够实现企业、总部、制造基地所在区域"三方"利益共同增进的一种经济形态。很多总部企业都是以总部所在城市为中心向外辐射发展,总部经济形态既可以帮助中心城市提升发展质量与水平,同时也可以带动企业与制造基地所在区域经济发展。一直以来,上海"总部经济"的增长既保持了常态,又呈现出诸多亮点。截至2016年底,外商在上海累计设立跨国公司地区总部580家,投资性公司330家,研发中心411家。上海作为我国内地跨国公司地区总部最为集中的城市地位不断巩固。落户上海的跨国公司地区总部功能不断拓展,大部分地区总部已经成为集管理决策、采购销售、研发、物流分拨、资金运作、共享服务等多种职能为一身的"综合性总部",能级不断提升,亚太区总部达95家,亚洲区总部达10家,北亚区总部达5家。通过总部经济来辐射长三角城市群发展也是上海辐射作用的一个鲜明特色。

3. 其他合作形式经济辐射

除了上述两种模式外,还包括以下几种合作形式:① 上海企业通过参与长三角城市群城市国企改革和重组,合作组建国有投资、运营公司和国有资本市场化运作专业平台,参与国有企业混合所有制改革试点等方面对长三角城市群城市经济进行辐射;② 长三角经济带城市企业可以通过与上海企业共建战略联盟,实现资源共享、信息互通、优势互补,通过联盟的力量,共同承接大型项目,例如承接"一带一路"国家(地区)总承包项目等。与此同时,联盟双方可以通过联盟形式,学习对方的先进管理理念与技术,帮助本地企业快速发展。

6.3.4 要素层面的辐射

1. 管理经验辐射

鼓励长三角城市群城市标杆企业、先进园区、服务型政府、金融机构、科研单位等领域的优秀代表到上海参加学习与交流,适时开展培训、报告等学习交流活动。在政府部门的指导和推进下,积极发挥长三角城市群城市与上海区县民间商会和协会的合作与交流,共同促进两地的产业、金融和经济发展。此外,还可以通过加强长三角城市群城市与上海的"双创"合作,鼓励长三角城市群城市借鉴上海先进的"双创"企业、"双创"平台和创客的经验做法,推动长三角城市群城市推进"双创"示范基地建设。

2. 金融辐射

多年来,上海国际金融中心中心建设效果显著,金融市场体系不断完善,金融市场规模明显提升。2016 年上海金融市场交易总额达到 1 364.2 万亿元,是 2010 年的 3.5 倍;金融机构体系日益健全,金融业务创新不断加快;金融对外开放继续扩大,国际化程度稳步提高。截至2016年,在沪各类外资金融机构总数达432家,占上海金融机构总数的30%左右,上海已经成为外资金融机构在华的主要集聚地;金融发展环境持续优化,配套服务功能明显改善;不断加快上海自贸试验区金融开放创新步伐。到2020年,上海将基本建成与我国经济实力以及人民币国际地位相适应的国际金融中心。

在此基础上,上海又提出了"进一步扩大金融开放合作,推动上海国际金融中心与'一带一路'沿线国家和地区的金融合作,互联互通,打造面向'一带一路'辐射全球的金融网络体系和支撑体系"的目标。

3. 科技创新辐射

通过政策引导等方式,鼓励上海高校、科研院所与企业进驻长三角城市群城市开展产学研用合作,定期组织开展科研成果转化对接交流活动。吸引上海高校开展学科建设合作和联合培养学生合作,共建大学科技园和创新创业平台,设立创新创业基金,促进上海和其他城市之间的科研合作和成果转化。通过上海教育的辐射作用,带动长三角城市群城市在人工智能设备、节能环保、新材料等领域的科技发展。与此同时,长三角城市群城市还可以鼓励本市高校与上海高校建立交流机制,支持合作办学,开展职业教育和基础教育合作。

6.3.5 区域人才辐射

区域内人才辐射在宏观、中观、微观三个层面都有积极的作用。从区域宏观层面来看,不同城市通过政策吸引、环境塑造、机制构建等方式,实现人才在区域内的共享共用的局面;从用人主体单位层面来说,各用人单位通过创新用人理念和构建灵活多样的用人机制，实现"不求所有，但求所用"的双赢局面；从人才个体的微观层面来说，在不改变人才所属性质及原属地的情况下，通过人才租赁、项目制等形式，使得人才可以在多个地区与单位共享其智力，从而提高人才的使用效率。

1. 宏观层面的人才辐射

首先是人才生态的辐射。人才的竞争，归根到底是综合环境与发展生态的竞争。首先，好的生态能够为人才的集聚、培养与发展提供基础条件，从而确保人才能够在工作之余，享受良好的工作与生活的便利；好的生态能够满足人才对差异化、高端化的需求，能够较好地激励对环境有着高度敏感的高峰人才与稀缺人才集聚；好的生态还可以帮助人才更好地将科研成果进行成果转化，将最新的研究成果与市场相结合，从而产生更多的商业价值与社会价值，提高成果转化率；等等。因此，人才的竞争的关键还是在于生态的构建，人才生态是人才开发与竞争的焦点。上海具有集聚人才的生态优势，上海作为中国对外开放最早的城市之一以及改革开放之后与国外自由贸易主要的港口城市，融合了中西结合的海派文化，并且随着近年来上海正在聚力打造具有影响力的"全球城市"，上海越来越成为国内海外人才集聚的主要集聚地之一。与此同时，随着上海人才政策、基础设施、教育水平、商业水平等的不断完善，人才在上海的工作与生活越来越适应，而上海大规模、多层次、高素质的人群，也有助于每个人才在城市中找到与自己背景相似、有共同话题的群体，从而产生归属感。总之，上海已经为人才的集聚打造了一个良好的生态系统。上海作为长三角城市群中人才生态的典范，对其他地区人才生态辐射主要体现在以下几个方面：首先，人才生活环境辐射。一方面，随着上海不断改善城市健康和医疗机构服务能力与管理水平，扩大国际教育资源供给，可以带动周边城市基础设施的协同升级，从而为人才集聚提供生活工作的基本所需,另一方面,随着交通效率的不断提高,周边城市的高端人才也可以共享上海的生活设施,从而满足自身的需求;其次,人才营商环境辐射。上海正在更多地向用人主体放权、为人才松绑,破除一切制约人才发展的观念与体制障碍,不断提高人才的满意度与获得感,这对于周边城市是很好的借鉴与参考,周边城市可以学习上海在营商环境的一些好的做法与理念,帮助更多的人才在本地实现商业目标与价值。

人才规划和政策辐射。建立统筹协调的区域人才政策体系是实现区域内人才共享和中心城市人才辐射的根本所在。一是作为长三角城市群的龙头城市,上海要从长三角城市群和上海建设全球城市的愿景和整体规划出发,率先为长三角城市群人才资源流动和开发制定充分体现"一体化"思想的总体规划,并从上海和区域内其他城市的分工和协同关系出发,以上海市人才规划引导和指导其他城市制定相互配套、协同创新、互动共赢的人才规划体系;二是逐步实现区域内人才流动政策、引进政策和培训政策,在人才评价、户籍管理、资质认证、薪酬待遇等政策上实现对接,为人才跨城市从事智力服务、科研合作、投资创业提供宽松的环境基础;三是建立区域一体化人才生态,联手打造区域性人才市场监管,共建区域内的人才法制环境与生态环境,为人才流动创建市场基础。"长三角区域合作办公室"的成立意味着长三角一体化发展进入"快车道",未来人才政策的统筹协调将成为可能。

2. 中观层面的人才辐射

人才平台辐射。完善区域内人才平台的共享与建设,是实现区域内人才共享,提高上海对长三角地区人才辐射效率的基础与关键所在,同时也是破解当前人才辐射困境的重要措施。人才平台辐射主要包括三个方面:首先,人才信息平台的共享与辐射。加强区域内人才资源数据库建设,构建覆盖党政干部、职业经纪人、科研技术人才、工程技术人才、教育培训人才、企业经营管理人才等数据库，同时健全以人才供求为主的信息发布机制，实现区域内的人才信息的互联互通。其次，人才中介服务平台辐射。鼓励支持一批影响大、覆盖广、运营效果好的中介平台，开展跨区域服务，拓展类似于高级人才援助、人才租赁、人才信用担保等业务，促使人才服务与国际接轨，依靠市场机制对人才进行有效配置，提高人才辐射的社会化与专业化水平。最后，人才培训平台辐射。积极发挥区域内各大院校以及社会培训机构的作用，形成区域内统一规范的教育培训市场，从而满足区域内各大城市、各类人才在教育培训方面的需要。

人才制度辐射。长期以来，我国人才评价制度存在着不合理、不均衡的问题，传统人才评价的方式中唯论文、唯职称、唯学历的现象十分普遍。为此，中共中央办公厅、国务院也印发了《关于分类推进人才评价机制改革的指导意见》，这无疑为近期人才评价体制机制方面的改革指明了方向。以上海高校为例，近年来一直在探索发展新的人才评价制度与方式，推动科研评价与论文指标脱钩，改变造成大量科研模仿和重复的传统评价方式，科技评价指标开始围绕着"知识价值"和"知识创造"进行权重设计，逐渐向着充满活力的科技管理和运行机制发展。与此同时，在人才聘用和科技评价制度改革方面，上海高校不断借鉴国际知名大学的成功经验，推进科技评价制度改革，将科技成果转化纳入衡量指标过程中，推动产学研协同创新。人才评价问题一直是困扰着上海周边城市乃至全国的阶段性难题，上海在这个方面的先行探索和先验经验无疑为其他地方的人才制度探索提供了宝贵的经验，上海周边地区城市可以通过交流学习、实地考察等方式学习上海在人才评价上的好的做法与制度，不断为本地人才评价工作提供参考借鉴。

上海依托张江国家自主示范区、自由贸易区、张江国家实验室等国家级科研和贸易平台建设,在科研人员课题经费使用、科研成果转化机制、人力资本股权激励等方面先行先试,形成了良好的人才活力和动态流动机制,取得了大量国内领先的激励机制、创新机制方面的先进经验,其他城市可以通过各种学习和交流机制,用上海先进的人才激励制度和机制激活当地的人才生态环境,使人才的积极性和创造性充分涌流,形成充分竞争又富有活力的生动局面。

3. 微观层面的人才辐射

人才智力资本辐射。区域人才辐射是实现上述其他层面辐射的基本保障,通过人才辐射才能确保要素层的科技创新中科研成果的交流与突破,先进管理经验的分享与交流以及金融产品的推广与革新;通过人才柔性流动确保共建园区产业的落地与升级、总部经济的联动以及联盟经济的共享与共建,等等。具体来说,就是通过加强长三角城市群城市与上海的人力资源服务业充分合作,建立富有活力的人才交流机制,参照"不为所有,但为所用"的思路,积极引导上海高端人才参与本地创新创业项目当中。与此同时,可以通过政策引导与财政补贴等措施吸引在沪院士、专家等高层次人才支持本地产业与企业的发展,鼓励上海专家学者加入本地智库中,在发展难题、重点项目建设等方面为当地提供智囊团的作用。

人才大数据服务辐射。数据正在成为与物质资产和人力资本相提并论的重要生产要素。大数据将会给我们带来生活、工作与思维等方面的新的变化,人才大数据可以推动我国人才工作向高质量、精准化的阶段发展,直接关系到"人才红利"的释放。当足够多的人才大数据整合,我们就可以预测到某个个体的基本属性与行为方式,为用人主体单位筛选到精准匹配的人才,同时人才的价值可以得到充分精确的度量;同时借助大数据,人力资本也可以量化,当人力资本转化为数据资产时,人力资源部门就为人才资本化做好了准备,通过对人力资本纵向与横向的比较,帮助用人主体单位、产业行业甚至是城市厘清发展过程中的人才储备与质量,从而提供决策依据。总的来说,就是借助人才大数据的力量改进当前粗放式的人才引进与管理模式,通过数据挖掘、分析与应用,从而实现人才的精准匹配与服务,提高引人、用人的效率。目前,长三角地区都在不同程度上存在着人才信息不全、不及时和不对称的问题,这些问题都可以借助人才大数据加以解决。上海已经走在人才数据库与大数据分析的前沿,正在着力培养引进一批懂得大数据、收集大数据,并善于研究大数据、深挖大数据的专家。相信在不久的将来,上海人才大数据库与平台的搭建,将会为周边地区乃至全国用人主体单位挑选合适的人才提供有效的数据支持与充分的决策依据。

6.4 未来30年上海全球城市人才枢纽对长三角城市群辐射模式选择

从上述辐射模型可知,针对不同的区域、不同的产业、不同的企业,人才辐射的方式各不相同。在综合借鉴国内外研究成果基础上,本研究提出项目式、兼职式、候鸟式、联盟式、咨询式等多种不同的辐射模式,并且分析不同的模式适合的产业特征与企业类型,从而为上海人才辐射提供思路。

兼职式人才辐射模式。即人才在不改变现有单位的隶属关系的基础上,在保障本职工作完成且尚有余力之时,经原有隶属单位认可或行业默许,受聘于其他用人单位从事相关工作的方式。这种方式能够将人才掌握的专业知识与技能运用到更多的工作领域与任务之中,减少了社会人才资源再开发的成本,提高了人才资源的有效开发与利用,从而实现知识效应的最大化。其主要形式有异地兼职、跨企兼职、跨国兼职等。企业可以这种"请进来"的方式,以聘任知名专家担任企业的各种领导角色等名誉职务为情感纽带,借助外脑发展自己,让身居科技前沿的专家们传经送宝,献计献策。兼职式人才辐射的方式可以为企业的社会经济活动带来先进的思维方式与工作开展方法,构建一条行业内沟通交流的渠道,极大地提升企业自身的形象和知名度,打破知名专家的部门所有制,实现人才的资源共享,这种发展趋势对我国人才流动的概念和机制产生了强大的冲击波,标志着我国"人才产权"新观念的形成。

项目式人才辐射模式。通过开展项目合作,促使高层次科技人才等能够在不同城市之间实现技术与知识的互补。在项目开展过程中,既满足了项目开发的需求,同时加速了知识的共享与流动,特别是隐性知识的传播与交流,有利于知识的创新与发展。在这种模式下,人才的原属单位不变,而是通过项目发包的方式,将人才的技术发明、专利项目、智力经验等智力资本投入到项目所在区域,从而促进人才及其智力资本的辐射。具体来说,就是项目式人才柔性流动模式往往体现了人才个体不加盟、不入伙、不谋职位、不求工资、不建立任何行政隶属关系,完全是一种智力投入、效益分享式的人才扩散模式。这种方式有助于企业在更广阔的事业区域范围内充分发挥高层次人才的价值,发挥其潜力,为更多的区域及企业服务。项目式流动的具体形式可包括:与外地专家或杰出人才进行科技项目合作研究,以提高研究的成功率;从单纯的学术性交流发展到技术上的合作研究、联合开发、共建研究开发中心或实验室;联合办高技术公司企业等。

候鸟式人才辐射。是指对在外地工作的人才通过采取"常回家看看"的方式,采取与"候鸟"类似的模式,服务于家乡经济建设。通过这一形式,可以促进智力回流,从而使这些专家、学者、企业家能为家乡企业的建设添砖加瓦,贡献出自己的力量。这种模式有助于促进外部知识内化为本地区的现实生产力,提高技术创新的能力和水平,对当地经济的发展、本地企业人才资源的发展能力和水平又有极大的帮助与提高。与此同时,"候鸟式"人才辐射由于家乡情结,对辐射地有着更多的奉献精神与承诺,所以对经济建设的贡献程度会更高。因此,这种人才流动方式,对当地经济的发展、本地企业人才资源的发展及文化的交流,都极为重要,通过这种人才柔性流动可以将本地区的人才流动引入到更大区域内的人才流动大循环中,争取到更多更优秀的外地人才。

组合式人才辐射。这种模式打破人才资源的单位所有制,是通过跨部门、跨企业、跨省市等方式在更广泛的范围进行人才的自由配置,进而实现知识整合的一种人才流动方式。企业通过运用这一模式,可以在全国范围内公开招聘到某些岗位及新项目最适合的人选,从而实现了人才的最优配置,既非常方便,又不会造成过多不必要的纠纷。

咨询式人才辐射。通过邀请知名企业专家或教育专家以课题咨询等方式进行交流的一种流动方式,对辐射地区的经济文化等方面进行专业辐射。由于本地区从事某一研究领域的人才难以满足当地发展需要,可以通过咨询式的方式"邀请"该领域权威专家、学者前来进行学术技术指导。这些咨询人才是原属企业单位重要的知识库与智库,被辐射地挖来的成本较高,可以通过咨询式的开展,充分借助其智力为本企业或地区服务,这样既可为企业领导的决策和规划提供根本性、长远性的思想基础和理论依据,又可开阔和活跃企业管理者和科研人员的思路。

6.5 政府在上海全球城市人才枢纽对长三角城市群辐射中的作用分析

随着我国进入新时代,我国的市场机制与市场成熟程度逐渐提高,在借鉴国内外政府在人才资源配置中经验的基础上,本研究分析了未来我国政府在人才资源配置过程中发挥的主要作用,包括提高宏观规划和调控人才资源、建立人才大数据系统、完善人才资源市场化配置监督体系等。

科学制定精准的人才资源需求预测和配置。目前我国政府在人才需求预测和配置方面缺乏科学和精准的规划,在最近我国各地"人才大战"中,据统计,此番人才新政需要重点引进高端人才(诺贝尔奖获得者、院士、"千人计划""长江学者"等)的城市占比高达95%以上;高端人才引进类别更是非常"粗放",从国内外顶尖人才、省市级领军人才到各种高级人才等全面覆盖,展示出"宁可全吸纳,坚决不放过"的姿态。这是由于各地在经济转型升级发展过程中,产业链条和企业集群处于复杂而动态的发展过程中,在信息平台建设落后的情况下,难以精准预测与之配套的人才需求并形成相应的配置规划,加之各地产业同构化引致人才需求同质化,相应地导致各地在制定人才引进政策时缺乏特色,人才引进政策的雷同化比较严重,从而在人才引进中缺乏有效的引导作用。在这种情况下,各个城市政府部门要在积极借助于各种科学手段,在充分调研人才需求的基础上,制定目标明确、特色鲜明的人才政策,精准打造城市人才特色。如上海市政府经过大量的调查研究,在人才高峰工程行动计划中提出上海引进人才的重点领域包括航空航天、量子科学、高端装备与智能制造、新能源等13个领域。

完善符合时代特征的人才法律法规。进入新时代,我国政府不断强调提高政府管理的效率,简政放权。政府对人才资源配置的管理应该由直接管理转向间接管理,由微观管理转向宏观管理方面转移,政府的人才管理重心也逐步转到完善相关法律法规政策、制度,推动各种机制的建立上来,让市场在人才资源配置方面发挥主导作用。

首先,要对我国现行人才法律法规进行系统梳理,结合我国当下宏观经济形势以及人才战略,找出不合时宜的用人法规与制度并予以修改或废除,从而提高人才法律在当前市场环境下的适用性,最大限度服务于人才集聚与辐射的需要,鼓励人才在不同区域与领域发挥价值,提高人才的使用效率,规避人才辐射过程中不必要的风险与损失。其次,借鉴国外先验经验的做法,"去其糟粕,取其精华",借鉴国外在加强人才使用效率,提高人才对区域经济辐射效应的优秀做法,结合我国国情,有选择地设计人才共享方案。最后,在制定的人才法规法律实施过程中,根据出现的典型案例与问题,不断修改和完善法律条例,消除在人才市场化配置过程中的制度性障碍,促成人才的有效供给和有效需求,打通人才流动渠道,利用产业政策进行人才有序引导,促进人才的充分流动,以利于人才的充分就业和公平就业。

提升大数据的服务能力,完善人才大数据平台及反馈体系。政府具有提供公共信息服务的职能,在大数据时代,一个国家的数据化水平的高低将成为影响人才资源配置的最主要因素之一。提升我国人才大数据服务能力,打破区域信息障碍,为人才供需双方构筑充分的交流网络平台,并通过网络信息系统将目前人才情况反馈给有关部门和用人单位以便了解人才真实现状,科学而非盲目地进行人才精准预测,从而制定更为准确而翔实的人才规划方面的工作重点。

第一,政府要积极借助人才大数据,制定目标明确、特色鲜明的人才政策,精准打造城市人才特色。同时可以凭借大数据技术分析手段的优势,对拟引进人才及其发展潜力进行全面评估,提高区域引才对接的成功率。第二,政府要利用人才大数据,提升城市人才资源配置效率。不但要科学评估各项人才计划,砍掉僵尸人才计划,定期梳理和精简"人才帽子",加强人才计划管理;同时需要精准评价区域内人才配置现状,科学调整和合理优化地区人才布局,提升区域人才配置规划的效果。另外,要保证科学合理的青年人力资源存量,优化青年人才资源的专业结构配置,确保城市长期的人才储备和持续的人才竞争力。第三,政府要利用人才大数据,做好城市人才使用跟踪与绩效评价,确保和提升城市人才使用效率。各地方要将人才的使用跟踪覆盖到人才引进和使用的全过程,最终实现不断自我反馈和调整的良性循环;同时需要全面扫描人才服务场景,着眼人才的多样化需求,发现人才服务短板,提高人才服务水平;最后,要利用大数据技术,采取针对措施,优化人才生态环境,从单纯的物质奖励转变到搭建特色产业容器、完善公共服务、有效节约创新创业成本上。第四,要从国家层面准确把握和提升对人才流动趋势预测的精准度,从大数据角度引导人才合理、有序流动。大数据时代,要从整体上加强国家宏观层面的精准调控并及时补位,全面提升人才工作的统筹指导与协调的能力和效率;要建立科学精准的人才流动市场评估机制,动态实现对人才流动的有效评价、监管和引导,形成人才有序流动的新格局[1]。

---

[1] 观点摘录自:姚凯.人才竞争要跳出恶性竞争怪圈[N].社会科学报,2018-3-30(4).

促进人才中介行业发展，充分利用行业协会优势。 借助第三方的力量弥补政府和市场在人才资源配置过程中的信息不对称的缺陷，推动在区域范围内科学合理地配置人才资源。随着我国经济的不断发展，第三方人才中介行业得到快速的发展，涌现出一大批具有影响力的猎头公司、互联网招聘等人才中介机构，然而，由于市场发育不全，人才中介市场还存在着大量的"市场乱象"，例如令人惋惜的李文星"BOSS直聘"事件等。为了规范人才中介市场不规范、不合法的诸多现象，同时进一步完善人才中介在市场中的功能与作用，政府需要引导、培育人才中介行业的规范发展，通过建立人才中介的"黑名单"制度以及行业协会，把分散的各级各类的优质人才中介机构有序整合起来，打造具有影响力、规范的人才中介市场。

完善人才资源市场化配置监督体系，规避人才辐射"陷阱"。 面对人才资源市场上复杂的市场秩序与环境，以及充斥着大量虚假信息等问题，政府有责任与义务建立市场监督体系，加大对人才市场运作情况的监督力度，严禁各种违法违规现象的发生，保障人才的基本权益。例如，建立人才市场违规违法信息披露制度，对那些存在问题的人才市场主体及时进行披露，防止重复受害现象的发生。其次，政府在加强对人才市场的监督过程中，可以开展多渠道、多样化的监督方式，从而提高市场监督的效率。例如，可以采取主动和被动结合的方式，主动方式包括定期前往人才市场督查、探底，掌握市场舆情与研判，提前发现问题企业的存在；通过人才市场管理和消费者满意度大数据时时掌握人才市场运行中存在的主要问题。被动监督包括开通电话投诉、网上投诉等方式，提高市场监督效率。再次，在监督过程中要预防腐败的发生，政府人事管理部门职能机构会同工商行政部门对人才交流场所进行常规检查，并且通过人才行业组织和协会按照行业规定对所属人才中介组织进行检查,对违规者进行处罚与资格取缔等措施。建立人才供需方对人才配置状况的信息反馈渠道,建立和完善社会监督体系;在对人才市场监督的同时,也对政府行为进行全方位监督,有效阻止腐败的发生,实现政府、行业、社会三方共同监督的格局。

第七章
配套的对策体系

为了有效实现未来30年上海高效推进全球城市人才资源开发与人才流动的战略目标,上海必须在体制、机制、环境等方面进行根本性的配套改革和优化。但仅从政府角度提供配套政策是远远不够的,全球城市人才资源开发与人才流动是一个多主体协同的过程,除了政府提供配套制度、机制和环境以外,高校、中间组织等也都需要有相应的配套措施。

7.1 政府:提供"整体性治理"的人才开发和流动配套方案

整体性治理是20世纪末为了反思新公共管理运动带来的"碎片化"问题而提出来的,即政府的权力、层级和功能等方面不仅在数量和形态上表现为"大量的碎片",而且在地域和功能上也彼此交叉重叠,在公共事务管理中缺少协调,甚至出现部门"各自为政""地盘争夺战"等问题。该治理模式中,政府与各相关利益主体之间形成网络组织关系,通过广泛地沟通、协商和谈判实现相互协作、相互认同,整合各方的专有资源与比较优势。通过整合性治理,政府与大学、企业等其他主体之间克服了行政科层管理的刻板与自由市场管理的无序随意,形成兼具两者优点的合作最高境界(表7-1)。

表7-1 整体性治理的特点与比较

	传统官僚制	新公共管理	整体性治理
时期	20世纪80年代以前	1980—2000年	2000年以后
管理理念	公共部门形态的管理	私人部门形态的管理	公私合伙、央地结合
运作原则	功能性分工	政府功能部分整合	政府整合型运作
组织形态	层级节制	直接专业管理	网络式服务
核心关怀	依法行政	运作标准/绩效指标	网络式服务
成果检验	注重投入	注重产出	注重结果
权力运作	集权	分权	扩大授权
财务运作	公务预算	竞争	整合型预算
文官规范	法律规范	纪律与节约	公务伦理/价值
运作资源	大量运用人力	信息科技	网络治理
政府服务项目	政府提供大量服务	强化中央政府掌舵能力	政府整合解决公众生活问题
时代特征	政府运作的逐步摸索改进	政府引入竞争机制	政府制度与公众需求高度整合

资料来源:彭锦鹏.全观性治理:理论与制度化策略[J].政治科学论丛(台湾),2005(23).

政府在实施人力资源开发时应引进整体性治理新范式,聚合政府以外的大学、企业、中间组织等其他人力资源开发主体,实现制度化、经济化和有效的"跨界"合作。具体配套设计如下:

7.1.1 强化制度变革,吸引全球人才汇聚上海

上海要吸引全球人才汇集上海,首先要进行的配套对策是对

吸引人才的制度进行改革。全球化时代,世界各国各地都在千方百计地争夺高端人才,不但欢迎全球顶尖人才移民入籍,甚至去全世界各地主动举办移民人才招募大会。但是我国在相关政策方面基本上还以短期引进为主,甚至主动拒绝许多愿意入籍中国的外国高级人才,不加选择、不加辨别地主动放弃众多海外人才,实为不妥之举。上海想要在未来30年建立全球城市,应该主动在有关制度方面进行改善,率先建立顶尖人才扎根上海的制度。

1. 加紧制定完善出入境和居留等人才政策

首先,我国高层次人才政策,尤其是签证、居留等移民政策的不完善,是导致人才赤字的主要原因,应加快简化出入境手续、降低居留门槛,为外国人才来华提供便利。例如,增加上海72小时免签的试点,应尽快在上海正式实施。考虑到延长免签时间、72小时免签政策,不仅极大促进了来沪旅游、贸易等经济活动,也为外国专家来沪考察、参观和交流提供了巨大的便利,获得了国际人士的广泛认同,建议尽快在上海推广。其次,对长期以来,以各种方式服务国内建设的海外华人华侨专业人士,发放多次出入境签证。再者,降低绿卡的申请门槛,扩大绿卡的发放范围和数量,吸引外籍高层次人才来沪投资和从事科技文化事业。扩大中国护照的含金量,将免签协议从外交、公务护照或因公护照扩大至因私护照。

2. 加快颁发侨胞证

海外华人华侨是我国在海外储备的巨大人才库,应加快吸引海外华人华侨回沪服务。近年来,随着全球化程度加深和中国经济发展机遇的增加,海外华人华侨与祖国联系的需求增多,对获得外籍华人身份证的呼声逐渐高涨。2014年2月8日,美国华人全国委员会(NCCA)、美国华人专业团体联合会(UCAPO)、中国旅美科技协会(CAST-USA)、美国中美联合商会(CAUCC)等社团在美国大华府地区蒙郡议会大楼联合举办了"海外华人身份证研讨会"。可以借鉴印度颁发海外印度人卡的做法,并比照颁发给港澳台同胞的"台胞证"或"回乡证"的做法,发放"海外华人身份证"。在符合条件的情况下,持证人在签证、出入境、投资、工作、居住等方面,享受永久居民待遇。在自愿的基础上,经审核认可,分阶段、分地区、有重点地进行。例如,可先针对改革开放后持中国护照出国的第一代侨胞颁发"海外华人身份证",在地区上则可从欧美等发达地区开始颁发,然后再针对侨胞第二、三代,扩展至其他地区和国家等。

3. 完善来沪留学生相关就业政策

美国、日本和新加坡均允许留学生毕业后,在本国居留一段时间找工作。日本甚至正在计划实行留学生毕业包分配政策。建议上海也尽快放开留学生毕业在沪的工作限制,修改现行的《高等学校接受外国留学生管理规定》,给予在上海完成2年以上学业、本科以上学历的外国毕业生为期半年的寻找工作的临时签证时间;允许外国留学生来沪就读期间勤工俭学、在校外实习;如果具备博士学历,或具备硕士学历但专业符合我国紧缺职业清单,给予1年寻找工作的时间。目前,我国高校接收自费来华留学生的收入远比接收通过政府奖学金来华留学生的收入高,导致许多学校不愿接收通过政府奖学金来华留学的学生,因此影响了通过政府奖学金招收来华留学的招生数量和培养质量,建议上海市出台政策增大留学上海的奖学金规模。

4. 创新人才住房供给和运营管理模式

可以将人才住房从保障性住房体系中独立出来,由政府出资成立专门企业统筹推进全市人才住房工作,实现人才住房保障全流程一体化建设运营管理。例如,深圳市已投入1 000亿元成立了市人才安居集团,负责全市人才住房的建设筹集、投融资、运营管理及综合服务。进一步创新人才住房供给模式，通过与房地产企业、用人单位以及农村集体经济组织等市场主体合作开发、共享收益等方式，探索多种共有产权的人才住房供给模式。在人才住房管理上，应借鉴香港经验建立覆盖广泛、转换灵活的梯级住房保障体系，鼓励海归人才根据自身条件不断改善居住环境，消除人才住房"从租到售"之间的土地产权变更障碍。

7.1.2 创造宽松环境，培育正能量的有上海特色的城市文化促进人才的成长

1. 树立为人才创造良好生态环境的责任意识

上海应该在未来造就一个有利于人才脱颖而出的浓厚氛围，建设良好的人才成长的生态环境，包括人际的生态、政策的生态、制度的生态、工作环境的生态、生活环境的生态、社会文化的生态等，使得人才的才华在良好的生态环境下得以充分施展；同时为人才成长提供良好的教育，社会需要为人才的培养和成长提供必要的可能性，充分挖掘和发挥人的潜能，真正做到成人之美，量材录用。

2. 建立一流的人才资源服务体系

纽约、伦敦、东京等现有的全球城市在人才资源发展战略方面很重视人才资源服务体系和发展环境建设。未来的上海要想更好地保留人才资源，除了制定各具特色的人才资源吸引、培养的政策外，应更多地关注建立人才资源服务体系如互通互联的人才资源网络信息系统，统一的人才资源市场体系，营造开放包容的人才资源发展环境。人才资源兼顾硬件和软件建设，优秀人才不仅需要待遇，更需要政策和环境，需要工作和生活的自由度和宽容。

3. 营造适合于优秀人才成长和发展的自然环境和人文环境

这应该成为未来上海人才发展战略的主要方向。要充分借鉴伦敦、纽约等全球城市重视自然环境保护,重视城市可持续发展的经验做好自然环境的保护,同时重视尊重人才、爱护人才等良好的人文环境的塑造和培养。本文提出四个环境的思想:以人文环境吸引人才,以制度环境稳定人才,以发展环境造就人才,以精神环境引导人才。

4. 依托上海科技创新中心建设,打造高端人才集聚区

充分借助上海科技创新中心的优势,重点引进培养和开发创新团队,极力打造综合性的创业孵化平台,不断建设有利于大众创业、万众创新的良好环境,进一步加大以人才为基础的项目和产业对城市发展的带动作用,鼓励企事业单位创新用人机制,更多地采取柔性引才方式引进人才,包括团队引进、核心人才带动引进、重大项目引进等方式,形成多元化的人才格局,吸引和培养高学历的研究型人才,帮助其扎根上海,打造高端人才集聚区。

7.1.3 依托大数据技术来构筑全球人才流动的功能平台

以硬件基础设施和大数据人才为基础,深度整合政府人事部门数据,企事业单位人力资源数据、劳动力市场数据、职场社交网络数据(领英等)以及科研和学者数据(汤森路透等),建设中国首个全球人才大数据中心。通过挖掘产业大数据、资金大数据和人才大数据之间的关系,精确预测上海海归人才的需求结构。在此基础上,对出国留学人员在专业方向的选择上进行前瞻性地政策引导;通过人才大数据挖掘形成相关度极高的人才甄别条件,实现潜在目标海归人才的主动发现、准确定位和定向邀请,最终实现海归人才集聚、产业集聚和资金集聚的高效协同和人才结构的优化。

首先，上海要积极借助人才大数据，制定目标明确、特色鲜明的人才政策，精准打造上海全球城市的人才集聚特色。同时可以凭借大数据技术分析手段的优势，对拟引进人才及其发展潜力进行全面评估，提高区域引才对接的成功率。

其次，上海要利用人才大数据，提升城市人才资源配置效率。不但要科学评估各项人才计划，砍掉僵尸人才计划，定期梳理和精简"人才帽子"，加强人才计划管理；同时需要精准评价区域内人才配置现状，科学调整和合理优化地区人才布局，提升区域人才配置规划的效果。

另外，要保证科学合理的青年人力资源存量，优化青年人才资源的专业结构配置，确保城市长期的人才储备和持续的人才竞争力。

7.1.4　深入推进市场化进程，用"无形之手"建立人才高地

人才高地一般指的是在部分地区、部分领域，突破体制机制障碍，探索先行先试特殊的人才优惠政策，迅速聚集一批具有一定规模、综合实力较强、在国内处于领先地位的高层次人才和创新团队，形成创新能力卓越、引领作用突出、团队效应显著、科研成果丰硕、产学研紧密结合、创业环境优良的人才密集区。目前人才高地主要有四种类型：(1)区域型。区域型人才高地一般被称作"人才特区"，具有优先性和特殊性。(2)园区型。园区型同样具有明显的地理特征，但其范围远远小于区域型，突出以各类园区为载体，实行灵活机制、特殊政策和良好服务，引进带项目、带技术、带资金的创新创业人才。(3)专项型。主要是以专项内容突破为重点，兼有一定的地理特征，旨在作为试点，探索新办法、新经验。这种类型的人才高地也称作"人才特区"。(4)专业型。主要是依托重点

产业、重点项目、重点学科和优势企事业单位,以各类创新平台为载体,以改革创新为动力,以急需紧缺的高层次人才为重点,具有明显的产业和学科特征。

上海在建立人才高地的四种类型方面有着得天独厚的资源,特别是在上海自贸区试点和上海科创中心建立后,上海能够更方便和快捷地建立起独具上海特色的人才高地。我们可以从以下几个方面来建立未来上海的人才高地:

(1) **搭建人才创新平台**。在上海人才高地的建设过程中,要依托上海各大知名高校的人才资源,重点建设企业技术中心、重点学科和重点实验室、博士后流动站、工程技术研究中心、重点产业集聚基地和项目、农业产业化重点项目等创新平台,通过引进海内外尖端人才,利用高新技术产业园区、大学科技园、科技企业孵化器,不断提高上海人才承载的吸纳能力。通过引进创新创业团队,扶持重点创意项目,对接有胆识、有魄力的投资人,打造产学研一体化的创新平台和创意氛围。

(2) **改变人才开发模式**。实现"领军人才+团队+平台"培养模式,鼓励和引导专业技术人才向企业流动,同时促进企业的创新创意与高校的高尖端人才资源对接的双向流动,利用高校的师资和硬件来培养和开拓企业的创新思维,同时通过企业的实践和经验把高校创新创意的想法付诸实践,形成高校与企业双向人才培养模式,真正把上海打造成全球创新创意人才的源头,实现多层次高端人才的自产自销。

(3) **创新人才体制机制**。优越的环境、宽松的氛围、特殊的政策是人才高地的主要特征,特殊政策主要包括人才创业资金投入、土地、税收、培养、收入分配、社会保障、管理政策、公共服务等。

(4) **突出项目管理作用**。引进项目化管理办法,建立人才高地各项指标、智力体系和考核办法,采取目标管理、绩效管理、合同管理等措施,明确人才高地建设单位、实施部门、主管部门的角色和责任,规范人才高地运作程序,加强人才高地监督管理。

7.1.5 完善激励机制,最大程度地发挥人才资源价值

对上海来说,我们所缺乏的并不是优秀的人才,而是一套能够激励优秀人才并且不断保障优秀人才健康成长的激励机制,能够培养和造就一大批优秀人才的制度和环境。我们要围绕人才关心的实际问题,进一步强化利益导向和激励机制,提高科研人员成果转化的收益比例,营造良好的工作生活环境,打破人才流动的隐性壁垒,完善配套政策建设,为人才在沪创新创业提供良好的空间。

1. 鼓励人才多岗执业、离岗创业,引导人才市场化流动

鼓励高等院校、科研院所创办企业,支持并鼓励科技人才离岗创业。对于具有特殊才能的科研人才及专业技术人才,经原单位同意,可领办创办企业,并在一定期限内保留其在高等学校、科研院所或企事业单位的身份及职称。进一步深入研究企业与高等院校、科研院所联合聘用机制,鼓励有条件的人才兼职兼薪,提高人才的使用效率。对于退休的科技人才再创业或就业可以在一定范围内减免交纳养老金。对于各类创业人才,园区管委会在启动资金、办公用地、融资贷款等多个方面提供专业化服务,提高创业成功率。

2. 允许高等院校科研院所将科研成果进行市场转化并获取收益

鼓励科研成果快速转化、本地转化,深入研究科技成果收益分配方案,充分调动高层次人才科技研发及转化的积极性,赋予高等院校、科研院所科技成果转化自主权并保留转化收益。赋予科研人才及其团队成果转化处置权,所属单位未能及时进行成果转化

的,经鉴定登记后,研发人员有权自主进行成果转化,促进科技成果转为成为有生命力的生产力。

3. 充分发挥财税政策作用,完善分红奖励制度

对于作出特殊贡献的人才,加大分红奖励的力度,扩大人才奖励普惠的范围,例如,高等院校、科研院所或企业在进行科技成果转让或许可经营等方式获取利益时,可以向有关科技人才(团队)进行一次性分红奖励。此外,还可以通过财税政策,对于高层次人才及创新创业人才进行一定的倾斜,鼓励高层次人才及创新创业人才在上海扎根。

总而言之,我们要大力引进海内外创新人才,结合科技创新的重点领域和产业升级人才需求,着力培养和引进研发领军人才、创业领军人才,打造一批具有国际视野、具有优秀专业技能的高层次人才队伍。要重视用好现有的人才资源,在使用中培养和开发现有的人才资源,建立公平合理的晋升考核制度,提供具有激励作用的薪酬制度,调动现有人力资源的活力,盘活存量。要优化创新型人才教育模式,把激发人的创造力放在更加突出的地位,积极推进教育综合改革,转变高等教育人才培养模式,全面提高人才培养质量。

7.1.6 完善人才评价机制、加强人才评估结果在晋升奖励中的应用

1. 推进人才分类评价制度的建设,改进现有人才评价方式

在人才评价过程中采取按类别分类评价的方式,坚持以业绩为导向,强调人才在实践中发挥的作用,克服传统的以学历、资历和论文为导向的评价方式,对于科技人员创办企业所缴纳的税收金额应等同于纵向项目经费,鼓励人才将科技成果进行市场转化。

对于在重要领域做出杰出贡献的特殊人才,可以破格晋升职称和职业资格等级,对于在基层工作的中小学教师、基层医务人员在职称岗位比例上给予一定的倾斜。

2. 下放职称评审权,鼓励不同所有制和类型的企业参与职称评审环节

下放职称评审权限,赋予用人主体单位,包括高等学校、科研院所等单位更多的职称评审权,并按照事业发展需要和规定的结构比例,采取职称直聘的形式,扩大用人主体单位及地区的职称评定自主权。

3. 弱化职称限制性条件,逐步脱钩职称与福利待遇的关联

进一步优化现在职称的评定方法,完善职称评价的指标体系的构建,推动职称评定及应用科学化、合理化发展。例如,职称外语及计算机应用能力不再作为职称评定的前置条件,职称不作为申报科研项目和人才计划的必要条件,逐步脱钩职称与相关福利待遇的关联。

7.2 大学:构建研究型大学与创业型大学相融合的人才循环机制

与传统的教学、研究型大学相比,创业型大学与企业、政府、专业组织紧密协作,形成创业及创新领域的合作互补关系;在教育与研究方面与产业实际、市场需求紧密衔接,形成实践导向、商业运作的知识创造与转移路径。在人才培养与使用方面,创业型大学不仅致力于为产业需求培养更加适用的专业人才,同时将自身拥有的专业教学、科研人才队伍与产业衔接,发挥其更大的价值。创业型大学承担了大学的第三使命,大学不仅承担了为区域经济发

展提供智力资本和人力资本的角色,建立、维系区域发展的信息流和知识流动,并且保持与国际接轨或引领世界创新创业的发展。创业型大学是高科技人才、原创人才开发和流动的泉眼和枢纽,是人才循环的关键节点。创业型大学是"大学—产业—政府"三螺旋发展的关键。

7.2.1 提高高校办学的自主性

埃兹科维茨(2005)提出的三螺旋理论的基本观点是大学、政府与产业三者平等独立,均是创新创业的主体,但是每一个主体又承担其他主体的相应职责,在形式上体现出三者的交叉与融合,最终达到 $1+1+1>3$ 的三方共赢。未来三十年,上海要发展成为全球城市,开发全球城市所需要的创新人才同时聚集全球人才为上海而用,上海的高校必须发挥全球城市的人才支撑和汇聚平台及枢纽作用,为全球城市的发展提供创新人才保障。国内外学者一直认为企业是创新的主体,但是三螺旋理论认为,大学、产业和政府中的每一方都是创新主体,都可以发起创新并在其中起领导作用,在地位上三者是平等的。创业型大学是全球城市创新体系建构中的平等主体。目前中国大学的办学主体仍然是政府,政府仍然是创新创业的唯一推动者和评价者。如果要发挥高校促进创新创业人才体系开发和流动,必须首先提高高校办学的自主性。

7.2.2 创新"校—企—政"内外部合作互动机制

创业型大学从政府获得政策和资金,从而更好地为政府决策提供依据;创业型大学从合作企业中获得资金和项目,从而更好地为企业提供创新技术。因此，内外部合作互动是人才开发和人才流动的核心。斯坦福大学为了推动创业教育，建立了技术许可办公室，促进科研成果有效转化。麻省理工学院（MIT）成立了一整套专利制度来建立大学与企业的关系，MIT对大学教师的专利所有权和利益分配进行了明确的规定，并且成立了负责相关事宜的专利委员会和专利管理委员会。MIT不亲自从事专利商业化的活动，而是将大学的专利许可和转让事宜委托给研究公司全权处理。上海要发展成为全球城市，高校的科研力量首先需要用制度去促进。高校应从鼓励商业化的角度去分配专利所有权；其次，建立真正意义上的校区联合实验室，对科研成果前孵化—孵化器—加速器等过程实现商业化。

7.2.3 形成多维度支撑平台，建立创业教育生态系统

多维度支撑平台是实现创业教育生态系统的基础，而创业教育生态系统是建立创业型大学的目标。为实现上海未来三十年的人才开发和人才流动，建立高校的创业教育生态系统是其坚实的保障措施。

斯坦福大学开展了"创新创业"证书项目，由具有深厚的创业理论知识和实践背景的教师承担，旨在为学术提供市场、领导、金融、商业模式等方面创新知识。英国沃里克大学主动建立与工业界的联系，创办沃里克制造业集团，该集团主要依托工程系，集研究、教学、创业培训和科研成果转化为一体。目前，上海各个高校都成立了创新创业基地，已经开展了各种创业教育培训。但是尚未形成多维度的支撑平台，缺乏人才整体培养体系，尚未形成成熟的创业教育体系。

7.3 中间型组织：人才开发和流动的催化剂

中间型组织是人力资源开发和流动的三边形中间组织，这些组织的作用至关重要，不仅能对政府、企业和大学三方起到优化和支持作用，同时能够在三者之间起到链接与调节作用，可以被称为人才开发和流动的催化剂。

7.3.1 风险投资

首先，形成投资氛围。天使投资机制是硅谷创业活力的重要推动力量。在硅谷，天使投资不是精英阶层的专利，而是常态化的投资银行。所有自然人都可能进行天使投资，这种较高的参与度在一定程度上分散了创业期的风险。硅谷的天使投资网络比较成熟，并且与各种同乡会、同学会实现对接，天使投资案例较多。由于硅谷形成了"鼓励创新、包容失败"以及开放、信任的创业文化，所以天使投资可以随时发生在陌生人之间。活跃在硅谷的各类天使投资人中，最成功的大多是曾经得到过天使投资的创业者，此类天使投资人往往会拿出他们创业过程中积累财富的一部分对其他的创业者进行天使投资，他们是以对其他创业进行天使投资的方式感恩社会、回馈社会。换言之，硅谷天使投资人扮演的是"传教士"的角色。相比较而言，上海极其需要类似的投资氛围。

其次，建立切实可行的投资机制。硅谷在2005年就颁布了天使投资法案，该法案鼓励天使投资，大幅降低了资本利得税，并规定个人进行的2.5万美元以上的天使投资，如果发生损失，损失部分可以在个人收入所得税中进行冲销,这种冲销甚至可以递延长达 8 年之久。较之于硅谷,上海于 2015 年出台了《上海市天使投资风险补偿管理暂行办法》,该办法主要构建一种"体外循环",政府在源头处做一些托底,帮助投资公司共担风险。但该机制没有税收支持办法,无具体针对性的优惠鼓励措施。上海可以借鉴美国硅谷的经验做一些税收和政策方面的创新,例如,可以出台天使投资人支持办法,对成功创业者转做天使投资人,且每年天使投资额度达到一定规模的,按照相应比例冲抵其所在企业所应缴纳的企业所得税及其个人所应缴纳的个人所得税,或者依据天使投资额度将天使投资人的个人所得税按一定比例奖励或返还给本人。

最后,探索政—校—企联合的投资人辅导机制。现有上海部分高校,例如同济大学和上海交通大学,已经建立了高校创业导师制度,但是制度的目的是为了学习,而并不是解决创业问题,对真正需要帮助的创业者帮助较少。且对导师没有激励机制,导师无法做到真正去帮助创业者。因此,笔者认为应该更多去探索投资人和创业导师对高层次创新创业人才团队创业辅导的制度化建设,即已经进入实施阶段的创业团队的辅导制度。该机制至少应包括以下几个方面:一是对于真正进入创业阶段的团队,纯粹以教学课程等形式的效用较为有限。应该建立"问题+解决方案"的形式,鼓励创业导师非正式地与创业团队成员探讨创业过程中的问题,实际解决创业者的困惑,帮助创业者走下去。二是建立导师监督和激励机制,形成导师—创业者—高校的三方共赢机制;三是鼓励处于早期投资阶段的投资者和创业导师在创业人才团队担任外部顾问或董事等。

7.3.2 猎头公司

猎头公司作为人力资源开发的专业服务机构,是专业人才或高尖端人才的专业捕手。政府、企业和大学可以借助猎头公司实现专业人才和高尖端人才的获取和配置,而全球高尖端人才也可以通过猎头公司实现自由流动。

第一,可以尝试政府猎头的形式。政府猎头是猎头服务的类型之一,主要是指以政府为主体、依照国家或区域人才战略的部署和要求,委托各类猎头公司搜寻、甄别和吸纳高级人才的实践过程。代表国家实施全球猎头行动的,更是被称为"国家猎头"。当今世界,国家猎头机制通常有两种,一种是以美国为代表的市场主导型,另一种是以新加坡为代表的政府主体型。我国可考虑采用"政府主导+市场主体"的国家猎头发展机制。即由国家制定人才发展战略,出台猎头发展政策,提出猎头人才需求,给予资源支持,再由市场主体协助政府面向全球猎取人才,猎取行为既符合国际猎头市场惯例,又能体现政府的人才战略意志。根据凤凰网财经频道 2018 年 4 月份的报告,中国猎头市场规模超过 1 000 亿元(不含劳务派遣),本土猎头机构有 1 万余家,然而其规模普遍偏小,平均员工人数不足 20 名,最大猎头公司营业收入的市场占比也不过 3‰,行业处于完全竞争状态,高度分散。上海可以通过政府+市场的力量把现有猎头行业的佼佼者进行收购、兼并等,通过共享互联网平台、人才大数据资源和品牌资源,培养一大批优秀的猎头专家,提升本土猎头对国际化人才的专业服务水平,发挥后发优势,以资本,特别是国有资本的投资为纽带加速打造国产猎头航母。

第二,鼓励企业利用猎头获取全球人才。对于高科技公司通过猎头获取国际尖端人才,政府可以提供适当的猎头中介费用。特别是一些中小企业,对于猎头提供的人才服务抱有怀疑或者难以承受高额的中介费用。这样往往使得人才无法有效流动,企业也无法获得优质且合适的人才。因此,政府应积极宣传并引导、鼓励用人企业和猎头公司的合作,提供必要的政策、资金以及相应的服务支持。

第三,支持猎头产业发展。上海要实现"汇聚天下人才",且"择天下人才而用之"的人才战略目标,需要建立完善的人才信息输入和输出的平台,而猎头正是上海面向世界的人才信息窗口。猎头产业是支持性、服务性产业,又是具有战略性、先导性的产业。为落实上海未来三十年全球城市的人才战略,在上海人才竞争中获取优势,可依据区域产业规划与布局,结合产业园区的建设,引导猎头公司聚集并侧重于服务重点产业,形成战略性新兴产业服务的高端人才服务集聚平台和供应链体系。

7.3.3 协会组织

协会组织作为连接产业与政府、企业与高校、人才与市场、技术与商业的纽带与桥梁,可以通过规范从业人员资格、参与高等教育设计、推行继续教育制度等途径介入人才培养体系,有利于提高产业内专业人才"量"的供给与"质"的水平,实现人才瓶颈的突破与人才资源的持续发展,成为人才培养的"立交桥"。改革开放以来,我国行业协会大多数是由政府兴办的,行业协会从其诞生时起便打上了很深的"行政"烙印,成为政府的附属、助手,这对行业协会的功能产生极大的影响,致使行业协会的独立性不强,缺乏代表性,社会整合力量不足,无法更好地为企业提供服务。

第一,改善协会的内部治理结构。要提高协会组织对于产业发展和专业人才供给的作用,首先必须改善协会内部的治理结构。现有行业协会的运作机制受困于"人情困境",协会的工作缺乏考核和激励机制,内部运作效率低下,缺乏市场监督和管理,协会工作相当于"养老"。若希望有效改变境况,需要以法人治理制度变革为抓手来进行内部治理和运行。在协会内设会员代表大会、理事会(常务理事会)、监事或者监事会,形成一套权力制衡机制。以此为基础,进一步明确会员代表大会、理事会(常务理事会)、监事或监事会三者之间的关系,明确各自的权限与职能,建立民主决策的运行机制和规范会员行为的规则体系。只有这种治理结构,才能从根本上解决行业协会发展中的"精英悖论问题"。

第二,创新人才服务制度。实现全球城市的人才集聚和人才流动,需要协会能够有效充当政府、高校和企业方面的服务器。针对战略性新兴产业的发展规律,对企业需要的人才特性,人才未来发展等提供专业服务。协会可以结合自己市场和政府两方的优势,形成"产—学—研"一体化的人才数据平台,发布人才评价指数等最新研究报告,为企业人才发展提供决策依据。

第三,完善继续教育制度。继续教育是对目前人力资本进行再深化和与市场需求对接的一个有效途径,上海目前继续教育的最大问题是需求和供应不匹配,继续教育的目标是培养上海未来30年全球城市发展中的专业人才,如大数据人才、互联网相关人才、高端服务型人才等。该目标的实现可以依托协会的中间组织去完成。

(1)改革教育考核方式。单纯以评价现有知识掌握程度为主的考核方式,往往注重的是对现有知识体系的掌握情况,而忽视对未知知识领域的探索发现与设计能力,往往不利于人才创新能力的培养。

(2)改革标准化的教育方法与内容。标准化的教育方法与教育内容虽然可以在一定程度上确保教育的整体基础质量,保证所有受教育者以基本相同的方法接受基本相同的知识,但是不利于个人差异化的培养和对创新能力的培养。

**(3)允许更多优质国际资本在上海教育领域开办学校,鼓励中外合作办学，提高上海继续教育的国际化程度。在教育领域，上海也应更多引入外资，将上海高校推向世界，与世界教育机构展开竞争。在无法一步到位放开外资办学的情况下，可以先开放部分教育市场，鼓励本土教育机构与国外名校充分进行合作办学，通过国际学分互认、开设交换学生计划等方式，中外合作办学机构在引入国外优质教育资源、引入我国紧缺专业和先进的管理模式、教学理念等方面对我国公办高等教育改革起到借鉴作用。未来上海高等教育可以继续尝试通过进一步扩大和提升中外合作办学来提高上海高等教育的创新创意方面的人才培养，走精英教育模式。上海在市场、产业等方面本身蕴含着巨大潜力，是世界投资者关注的重要区域。如果上海能在人才结构等方面持续改善，把上海打造成高端人才汇聚的中心，必将对上海全球城市的建设做出巨大的贡献。

7.4 企业用人单位：设计有吸引力和竞争力的人才开发与管理体系

企业用人单位是人才发挥价值的最基础而又重要的载体，企业需要结合自身的发展战略，制定有竞争力、吸引力的人才制度体系，从而更好地吸引新的人才、留住核心人才。具体包括：

7.4.1 构建有竞争力的人才薪酬方案与体系

有竞争力的薪酬方案与薪酬体系是企业吸引人才、留住人才的重要手段，可以提高人才的满意度和敬业度，充分发挥激励作用，从而激发人才的创造力，降低人才的离职倾向。

1. 动态设计和调整人才薪酬体系

以 3P 原则(Position，Performance，Person)为依据动态地设计和调整人才薪酬体系。首先，在设计人才薪酬体系时，要凸显其岗位价值，要根据人才每年的岗位变化以及绩效表现调整薪酬等级，实行人才薪酬的动态管理，科学合理的设计人才的薪酬结构，最大程度上保障人才的生活质量。其次，薪酬要充分考虑人才的能力和资质，根据其胜任力素质调整人才薪酬，设计建立胜任力薪酬，真正做到人尽其才。再次，人才的薪酬水平、福利应当与其绩效水平严格挂钩，科学评估人才的动态价值贡献，尤其要避免类似于少数海外归国人员戴了"人才帽子"，享受了人才待遇，却没有开展实质性工作的状况。最后，还要及时根据国内外人才市场的变化情况准确定位人才的薪酬水平，让市场机制成为制定人才薪酬的重要参考因素。

企业应当综合考量上述人才的岗位、能力、绩效、市场环境等多种因素，科学地设计人才薪资等级、薪酬水平与薪资结构，建立科学、公平、高效的人才薪资体系，这样既有利于保证企业内部薪酬制度的公平公正，又有利于提高人才的工作积极性与企业活力。

2. 对具备特殊技能的高层次人才予以政策倾斜

在设计人才薪酬方案和体系时，要加强对专有知识、技术诀窍、技术成果转化等无形生产要素的重视程度，充分考虑特殊型人才对企业的价值与贡献。对那些对企业实现技术创新、市场推广以及企业成长具有特殊贡献的专业技术人才、经营管理人才以及综合型人才予以政策倾斜，根据人才的技术重要性、先进性或者管理贡献程度，以奖金、利润分享或者持股、企业分红等形式，予以特殊奖励。与此同时，可以通过在组织内外部采取荣誉激励和宣传等手段，鼓励企业其他员工向特殊贡献者学习，使其起到一定的模范带头作用。

3. 完善组织福利薪酬系统

企业的福利薪酬系统对提高人才的满意度和归属感具有重要的作用。现代企业在设计福利系统时，不能仅设计"五险一金"等保障性的福利项目，同时要注重对人才的精神性激励，特别是培训机会、优秀的企业文化、荣誉激励、尊重激励、信任激励、授权激励、包容性激励等非货币性福利，鼓励人才通过人大、政协等渠道积极参政议政，提高其组织融入感和满意度，强化其心理所有权和组织承诺。同时，企业用人单位在设计福利系统时，要对综合性的福利项目有所倾斜，比如在日常工作中，为员工提供舒适的生活环境、塑造良好的工作环境和团队生态环境、设计科学合理的员工培训计划、量身打造适合人才特点的职业生涯通道，综合设计各类奖惩计划，并与人才的工作表现直接挂钩，通过福利系统的设计使员工增强对企业的归属感和成就感。

7.4.2 建立科学高效的人才管理制度

构建科学高效的现代化人才管理制度是保障人才在企业组织中充分发挥个人专长，避免人才因机制不合理而产生负向情绪的重要保障。

1. 建立"引才、育才"相结合的战略性人才储备机制

富有活力的"引才"机制能够帮助企业在人才竞争中获取巨大的优势。因此，要结合企业组织的发展战略规划，通过"千人计划"、"长江学者奖励计划"、领军人才计划、博士后计划、后备干部制度、人才蓄水池计划等手段分类分级储备优秀的人才。尤其是上海市比较重要且紧缺的宇宙起源与天体观测、光子科学与技术、生命科学与生物医药、集成电路与计算科学、脑科学与人工智能、航空航天、船舶与海洋工程、量子科学、高端装备与智能制造、新能

源、新材料、物联网、大数据等重点领域,不仅要从全球引进顶尖的高峰人才和战略性科学家,而且也要在全球范围内引进一批富有潜力,并在所在的专业逐渐崭露头角的中青年专家,形成年龄结构、专业分工合理的人才梯队。

除了"引才","育才"是人才队伍建设的另一个重要手段。除了一般性的知识和技能培训外,育才特别要注意打破传统的课程设置和教学方法,注重培养创造性人才,从方法上更多地注重教育与社会实践的互动,更多地采取企业家座谈、互动式学习、参加行业高峰论坛、出国学习等手段。

注重育才不仅能够提高人才在组织工作中的效能感与满意度,而且对提升其对组织的贡献,提升企业的生产经营绩效有着重要的帮助。因此在企业经营过程中,要针对有发展潜力的员工,根据其岗位特征、个人特长以及职业发展规律,有针对性地开展培训活动,同时鼓励人才不断进行自我提升与深造,在组织内部形成良好的学习氛围与文化。

2. 建立人才良性竞争和晋升机制

良性的人才竞争和晋升机制为那些拥有创新潜力、不断努力提升个人与组织绩效的优秀人才提供发展机遇的重要路径,让每一位积极进取的人才获得平等的竞争机会。公平、公正、透明的择优选拔制度能够让每一个努力工作的人都能看到希望,同时增强人才的危机感与紧迫感,最大限度地调动员工的工作积极性。首先,企业要通过公开的平台发布内部晋升公告,保障晋升信息的透明度,并说明晋升需要的基本条件与评选标准;其次,要规范评选过程的合法化、合规化,鼓励符合条件的员工积极参与竞争性选拔。规范的选拔流程不仅能够树立正确的用人观,同时能够树立员工对于企业的信任,激发员工的工作热情;再次,在晋升过程中建立后备人才储备队伍,并根据人才的专业、特长以及表现,定期对专业和岗位进行更新和调整。

3. 给予人才轮岗和学习交流机会

企业在内部制定轮岗和学习交流制度能够帮助人才发现适合于自己兴趣和专长的岗位，有利于提高人才的工作积极性，开发人才的潜能，从而在实现组织绩效的同时创造更多的个人价值。一是在企业内部价值链上密切相关的岗位之间进行定期的学习交流或轮岗交流，这样有利于促进不同岗位员工增进对企业整体目标及彼此工作的理解程度，加强彼此间合作；二是鼓励具有创新能力的人才充实到企业内部的研发部门和管理部门，给予人才更多的培训与自我提升的机会，发掘人才职业发展更多的可能性；三是设计一套规范合理的内部人才流动机制，所有员工可以根据规范，自愿提交申请，经人事部门审核与组织考察等环节，前往自己心仪的部门或岗位工作。

4. 打造专业化的人才管理团队

通过从企业外部吸引具有高素质的管理型人才以及从企业内部选拔具有一定人才管理基础的员工进行培训等方式，打造一支适应企业战略发展的人才管理团队。摆脱传统的科层制、"权力轴"的人事管理模式，借助现代化的人才管理理念与知识，前沿的管理方法与专业技能，建立一整套现代人力资源管理机制，包括选人机制、育人机制、用人机制以及留人机制，通过人才的科学配置和开发，打造一支支撑企业战略发展的、高效能的人才管理团队。

7.4.3 设计良性循环的人才职业生涯发展规划

良性循环的人才职业生涯发展规划能够帮助企业人才更清楚地认识自己的晋升与发展路径，树立美好的发展愿景并提高对于企业的忠诚度与主人翁精神，提高企业的向心力，留住核心人才，吸引新鲜血液。

1. 规划畅通的人才职业发展"双通道"模式

越来越多的企业开始重视人才职业发展的"双通道"路径设计,即企业的管理岗位晋升通道与技术岗位发展通道。在"双通道"发展模式下,管理岗位晋升通道遵循着"管理岗纵向发展"的原则,组织根据组织结构,对个人绩效、工作经验、能力以及其他方面的表现进行评估,从而决定员工是否获得晋升机会;技术岗位发展通道遵循"专业技术深度发展"的原则,员工凭自身技术领域的特长、经验、资历等因素逐步提升,该通道是对员工专业技术的认可,不会影响到员工的行政岗位的变化。两条通道是并行存在的,技术通道的存在有利于发挥不同岗位员工的积极性和技术特点,帮助员工实现职业目标。

现代企业组织中应该协调好双通道之间的关系,做好人才职业发展的引导工作,不能单纯地根据人才行政岗位的变化来定义职业成功。在企业实践中,要规范双通道晋升通道的标准与原则,严格执行晋升的标准并根据企业不同的发展阶段不断完善和修改企业双通道模式与机制,以使其适应企业发展需要。

2. 设计科学的岗位体系

企业要设计一套清晰完整的岗位结构体系并根据企业的发展不断调整优化企业的岗位体系。科学合理的岗位体系要以企业的组织战略为设计依据,对岗位的类型、职能、胜任力进行系统地调查与分析,根据企业发展需求与现实情况,合理地设置岗位,并做到岗位体系完整、名称职能明晰、责权对等、层级合理、领导关系清晰等,这样才能使人才在企业工作中明确自己的目标与职能,帮助人才理解组织对自己的期望,并获得职业成功。这不仅有利于企业对人才的管理,同时也可以帮助人才获得对自身价值的认可,提高人才归属感,降低离职倾向,这对于企业人才队伍管理具有重要的意义。

7.4.4 打造富有吸引力的人才文化品牌

企业用人单位打造具有吸引力的文化氛围与口碑品牌是留住现有人才和吸引新人才的重要举措。在设计文化时要凸显"以人为本"的核心理念,真正形成一种"真诚"的氛围,让员工真正感受到企业对员工发展、生活的关怀,营造适合大多数人才长期持续发展的文化氛围,创造宽松和谐的环境,真正做到尊重人才,尊重知识,加强人文关怀,满足人才自我实现、尊重、成就感等多样化深层次的需求。企业在塑造企业文化和雇主品牌时,不能照搬乱套,要体现出本企业的文化特色与核心价值观,帮助企业各级领导与员工自上而下地理解和认可该文化内核。同时,企业还需要不断通过正向激励,例如奖励、树立典型、举办企业文化活动等,引导全体成员遵循企业文化体现的行为模式与思维习惯。

参考文献

[1] Aimee R. The International Mobility of Talent: Types, Causes, and Development Impact[J]. Economic Record, 2010, 36: 709-710.
[2] Castells M. The rise of network society[M]. Oxford: Blackwel, 1996.
[3] Csomos G. The command and control centers of the United States (2006/2012): An analysis of industry sectors influencing the position of cities[J]. Geoforum, 2013, 50: 241-251.
[4] Friedmann J. The World City Hypothesis[J]. Development & Change, 1986, 17(1): 69-83.
[5] Krätke S. Global pharmaceutical and biotechnology firms' linkages in the world city network[J]. Urban Studies, 2014, 51(6): 1196-1213.
[6] Krätke S. Cities in contemporary capitalism[J]. International Journal of Urban and Regional Research, 2014, 38(5): 1660-1677.
[7] Bentonshort L, Price M D, Friedman S. Globalization from below: The ranking of global immigrant cities[J]. International Journal of Urban & Regional Research, 2010, 29(4): 945-959.
[8] Lisa Benton-Short, Marie D. Price and Samantha Friedman, Global Perspective on the Connections between Immigrants and World Cities, The GW Center for the Study of Globalization Occasional Paper Series.
[9] Henry Wai-Chung. Global Cities and Developmental States: Understanding Singapore's Global Reach[J]. Urban Studies, 2000, 37(12): 2167-2195.
[10] Mahroum S. Highly skilled globetrotters: mapping the international migration of human capital[J]. R & D Management, 2000, 30(1): 674-688.

[11] Sassen S. The Global City: New York, London, Tokyo[M]. Princeton, NJ: Princeton University Press, 1991.
[12] Sassen S. The Global City: New York, London, Tokyo[M]. Princeton, N. J. : Princeton University Press, 2001.
[13] Simon D. The World City Hypothesis [M]. Cambridge: Cambridge University Press, 1995.
[14] Linda McCarthy. Cities in Globalization. Peter J. Taylor, Ben Derudder, Pieter Saey, and Frank Witlox, editors., Urban Geography, 2008, 29(1): 89-91.
[15] The World Economic Forum. The Human Capital Report 2015[R/OL]. (2015-05-08)[2018-06-09]. https://www.weforum.org/reports/human-capital-report-2015.
[16] The World Economic Forum. The Human Capital Report 2016[R/OL]. (2016-06-28)[2018-06-09]. https://www.weforum.org/reports/the-human-capital-report-2016.
[17] The World Economic Forum. The Human Capital Report 2017[R/OL]. (2017-09-13)[2018-06-09]https://www.weforum.org/reports/the-global-human-capital-report-2017.
[18] Zhang X, Kloosterman R C. Connecting the 'workshop of the world': Intra-and extra-service networks of the Pearl River Delta city-region[J]. Regional studies, 2016, 50(6): 1069-1081.
[19] INSEAD, HCLI & Adecco. Global Talent Competitiveness Index 2017 [R/OL]. (2016-12)[2018-06-21]. https://www.insead.edu/sites/default/files/assets/dept/globalindices/docs/GTCI-2017-report.pdf
[20] INSEAD, Tata Communications & Adecco. Global Talent Competitiveness Index 2018[R/OL]. (2017-12)[2018-06-21]. https://www.insead.edu/sites/default/files/assets/dept/globalindices/docs/GTCI-2018-report.pdf
[21] Friedmann J. World cities in a world-system[M]. Cambridge University Press, 1995.
[22] Friedmann J. Where we stand: a decade of world city research[J]. World cities in a world system, 1995: 21-47.
[23] Cohen R B. The new international division of labor, multi-national corporations and urban hierarchy[J]. Urbanization and urban planning in capitalist society, 1981: 287-315.
[24] 陈璐.论上海全球城市建设[J].长江流域资源与环境,2006,06:793-796.
[25] 陈媛媛,袁燕军.北京世界城市建设的人力资源对比研究——基于纽约、

伦敦、东京的比较分析[J].科技促进发展,2011(2):12-12.
[26] 陈国政.上海科技让人才队伍发展实证研究[M].社会社会科学院出版社,2014.
[27] 程遥,赵民.新时期我国建设"全球城市"的辨析与展望——基于空间组织模型的视角[J].城市规划,2015,39(02):9-15.
[28] 窦超,李晓轩.中部科技人才开发效率评价及其影响因素研究[J].科研管理,2017,38(S1):437-443.
[29] 杜兴强,彭妙薇.高铁开通会促进企业高级人才的流动吗?[J].经济管理,2017,39(12):89-107.
[30] 冯慰荣,冼国明.人才资源国际流动的趋衡性分析[J].中国软科学,2003(10):101-105.
[31] 潘晨光.中国人才发展报告 2014[M].社会科学文献出版社,2014.
[32] 胡君辰.世界大都市人才管理比较研究[J].组织人事报,2006.2.21.
[33] 何勇,姜乾之,李凌.未来 30 年全球城市人才流动与集聚的趋势预测[J].中国人力资源开发,2015(01):75-80.
[34] 姜乾之,何勇,李凌.流动空间视角下上海全球人才流动集聚战略思路[J].科学发展,2018(03):14-21.
[35] 刘雪梅,孙昌增.发达国家及地区人才政策比较研究[J].时代经贸(下旬刊),2007,07:115-116.
[36] 李雪.中、美政府人才资源管理比较研究[D].长春工业大学,2011.
[37] 李光全.中国城市人才竞争力变化影响因素分析[J].科技进步与对策,2014,02:136-139.
[38] 刘朝晖,常思亮,胡洁.国外高校科技成果转化的成功经验及其启示[J].科技管理研究,2012,20:108-111.
[39] 刘江会,贾高清.上海离全球城市有多远?——基于城市网络联系能级的比较分析[J].城市发展研究,2014,21(11):30-38.
[40] 马海倩,杨波.上海迈向 2040 全球城市战略目标与功能框架研究[J].上海城市规划,2014,06:12-18.
[41] 沈洁,王丰,罗翔.建设全球中心城市:国际趋势与上海前景[J].上海城市规划,2014,06:59-64.
[42] 沈荣华.中国人才在 21 世纪的战略走向[J].人力资源,2009,19:14-17.
[43] 沈荣华,张子良.迈向 21 世纪上海人才发展战略研究[J].中国软科学,2000,04:107-112.
[44] 石光宇,孙群郎.简析全球城市的成因——以纽约为例[J].都市文化研究,2014,01:85-94.

[45] 吴丹,奚俊芳.上海与几大"全球城市"在经济层面的比较[J].安徽农业科学,2007,04:1162-1163.
[46] 褚劲风.试论全球城市的基本特征[J].人文地理,1996,02:37-40.
[47] 仝德,戴筱頔,李贵才.打造全球城市——区域的国际经验与借鉴[J].国际城市规划,2014,02:83-88.
[48] 魏浩,王宸,毛日昇.国际间人才流动及其影响因素的实证分析[J].管理世界 2012,01:33-45.
[49] 王存亮,仇晋文.上海全球城市建设的一个理论探讨[J].经济研究导刊,2012,16:133-134.
[50] 王顺.我国城市人才环境综合评价指标体系研究[J].中国软科学,2004,03:148-151.
[51] 汪怿.构建全球人才枢纽:原因、内涵与策略[J].科学发展,2013,02:89-99.
[52] 熊汉宗.英国、新加坡人才资源开发与管理政策及对我国的启示[D].山西师范大学,2013.
[53] 徐坚成.城市人才国际竞争力研究——以上海为例[J].中国人力资源开发,2011,04:77-80.
[54] 徐国祥.上海人才国际化与其他国际大都市的差距[J].中国统计,2006,03:47-48.
[55] 许巧云.上海人才外流的动因及对策研究[J].经济研究导刊,2015(15):166-169.
[56] 汪怿.引进海外高科技人才比较研究[M].上海社会科学院出版社,2012.
[57] 汪怿.全球人才竞争的新趋势、新挑战及其应对[J].科技管理研究,2016,36(04):40-45.
[58] 王辉耀.移民潮:中国怎样才能留住人才?[M].中信出版社,2012.
[59] 王辉耀.人才竞争[M].中信出版社,2011.
[60] 王辉耀.中国国际移民报告 2015 年[M].社会科学文献出版社,2015.
[61] 王全纲,赵永乐.全球高端人才流动和集聚的影响因素研究[J].科学管理研究,2017,35(01):91-94.
[62] 左学金,王红霞.大都市创新与人口发展的国际比较——以纽约、东京、伦敦、上海为案例的研究[J].社会科学,2009,02:44-52.
[63] 周振华.我国全球城市崛起之发展模式选择[J].上海市经济学会学术年刊,2007,00:143-154.
[64] 周振华.崛起中的全球城市:理论框架及中国模式研究[M].上海人民出版社,2008.

[65] 周欣,王选华.北京地区国际化人才:现实差距与开发路径——基于纽约、伦敦和东京的比较视角[J].中国人力资源开发,2012,04:65-70.
[66] 郑巧英,王辉耀,李正风.全球科技人才流动形式、发展动态及对我国的启示[J].科技进步与对策,2014(13):150-154.
[67] 周海蓉,张云伟,崔园园.上海建设全球城市的核心功能与非核心功能研究[J].科学发展,2018(01):26-34.
[68] 赵民,李峰清,徐素.新时期上海建设"全球城市"的态势辨析与战略选择[J].城市规划学刊,2014(04):7-13.
[69] 张少军,刘志彪.全球价值链与全球城市网络的交融——发展中国家的视角[J].经济学家,2017(06):33-41.
[70] 张平."一带一路":中国"开发优先"跨国区域合作的探索[J].学习与探索,2017(05):104-109.
[71] 张鸿雁.全球城市价值链理论建构与实践创新论——强可持续发展的中国城市化理论重构战略[J].社会科学,2011(10):69-77.
[72] 詹晖.吉林省科技人才流动影响因素及作用机制研究[D].东北师范大学,2017.
[73] 北京国际城市发展研究院世界城市研究课题组,连玉明.世界城市如何聚集高端人才[J].北京规划建设,2010,04:64-67.
[74] 辞海编辑委员会辞海.辞海:第6版[M].2010.
[75] 王通讯.人才学通论[M].天津人民出版社,1985.
[76] 王通讯.人才开发的新世纪[M].四川人民出版社,1995.
[77] 何见得.人才资源开发有效对策基础理论研究[D].河海大学,2002.
[78] 莫雷.教育心理学[M].教育科学出版社,2007.
[79] 理查德.斯旺森、埃尔伍.德霍尔顿著.王晓晖译.人力资源开发[M].清华大学出版社,2008.
[80] 教育部留学服务中心.中国留学回国就业蓝皮书2016[M].北京:人民教育出版社,2016.
[81] 周亚.上海统计年鉴2017[M].北京:中国统计出版社,2017.
[82] 中国国家统计局上海调查总队.上海统计年鉴2016[M].北京:中国统计出版社,2016.
[83] 王建平.上海统计年鉴2015[M].北京:中国统计出版社,2015.
[84] 赵晓雷.2017上海城市经济与管理发展报告:优化升级长三角城市群的上海城市发展战略研究[M].上海:格致出版社:上海人民出版社,2017.
[85] 王德忠.建设卓越的全球城市:2017/2018年上海发展报告》[M].上海:格致出版社:上海人民出版社,2018.

[86] 王辉耀.中国留学发展报告2016[M].北京：社会科学文献出版社,2016.
[87] 樊丽明,葛玉御.上海国际金融中心建设的金融业税负与政策研究[J].金融发展研究：2016(04)：3-11.
[88] 姚凯.人才竞争要跳出恶性竞争的怪圈[N].社会科学报,2018.3.29(4).
[89] 姚凯,桂弘诣.大数据人力资源管理：变革与挑战[J].复旦学报（社会科学版）：2018(03)：146-155.
[90] 吉恩·保罗·艾森,杰西S.哈里奥特.人力资源管理大数据[M].北京：机械工业出版社,2017.
[91] 王通讯.人力资源管理大数据[M].北京：中国人事出版社,2016.
[92] 中国社会科学院人事教育部.美俄大国人才发展概况及政策评析[M].北京：中国社会科学出版社,2016.
[93] 刘宝存,钟祖荣,刘强.国外人才培养与开发[M].北京：党建读物出版社,2016.
[94] 肖林.未来30年上海全球科技创新中心与人才战略[J].科学发展,2015(07)：14-19.
[95] 陈振明,陈芳.加拿大人才发展战略[M].北京：党建读物出版社,2015.
[96] 郭庆松.长三角人才共享机制：问题与对策[J].社会科学,2007,2007(5)：21-27.
[97] 本书编写组.聚天下英才而用之[M].北京：中国社会科学出版社,2017.
[98] 张学良,李培鑫,杨朝远.长三角全球城市区域发展与上海全球城市建设[J].上海城市管理,2017(2)：12-17.
[99] 夏琛桂.我国长三角都市圈人才集聚、扩散与共享的模型和机制研究[D].上海交通大学,2008.
[100] 佟林杰,孟卫东.基于三螺旋理论的区域人才共享模式构建[J].科技管理研究,2014,34(2)：93-95.
[101] 宁本荣.国际视野中的长三角人才资源共享——以伦敦、纽约与东京大都市圈人才资源共享为例[J].上海行政学院学报,2007,8(4)：90-97.
[102] 叶忠海,陈九华.简论列宁人才思想的基本内容[J].扬州师院学报（社会科学版）,1983(10)：8-15.
[103] 吴绍棠,李燕萍.产学研合作衍生的人才开发模式及比较研究——基于界面管理视角[J].科技进步与对策,2014(31)：145-148.
[104] 曾建丽,刘兵,梁林.科技人才生态系统的构建研究——以中关村科技园为例[J].技术经济与管理研究,2017(11)：42-46.
[105] 黄梅,吴国蔚.人才生态链的形成机理及对人才结构优化的作用研究[J].科技管理研究,2008(11)：189-191.

[106] 蓝劲松,江丕权.科教兴国的重要一环——人才市场机制与国际人才市场条件下中国人才政策的若干思考[J].清华大学教育研究,2000(1):71-79.
[107] 周方涛.基于AHP-DEA方法的区域科技创业人才生态系统评价研究[J].管理工程学报,2013(1):8-11.

图书在版编目(CIP)数据

上海全球城市人才资源开发与流动战略研究/姚凯著. —上海：复旦大学出版社, 2019.8 (2023.8 重印)
ISBN 978-7-309-14529-8

Ⅰ.①上… Ⅱ.①姚… Ⅲ.①人才资源开发-研究-上海 Ⅳ.①C964.2

中国版本图书馆 CIP 数据核字(2019)第 162957 号

感谢上海市汽车工业教育基金会的出版资助

上海全球城市人才资源开发与流动战略研究
姚 凯 著
责任编辑/胡欣轩

复旦大学出版社有限公司出版发行
上海市国权路 579 号 邮编：200433
网址：fupnet@fudanpress.com　http：//www.fudanpress.com
门市零售：86-21-65102580　　团体订购：86-21-65104505
出版部电话：86-21-65642845
江苏凤凰数码印务有限公司

开本 890×1240　1/32　印张 7.125　字数 163 千
2019 年 8 月第 1 版
2023 年 8 月第 1 版第 3 次印刷

ISBN 978-7-309-14529-8/C·378
定价：38.00 元

如有印装质量问题，请向复旦大学出版社有限公司出版部调换。
版权所有　侵权必究